रूबरू

रमेश अरोड़ा

डायमंड बुक्स

www.diamondbooks.in

प्रकाशक : डायमंड पॉकेट बुक्स (प्रा.) लि.
X-30 ओखला इंडस्ट्रियल एरिया, फेस - II
नई दिल्ली - 110020
फोन : 011-40712200
ई-मेल : wecare@diamondbooks.in
वेबसाइट : www.diamondbooks.in
संस्करण : 2024

Roobaroo
by *Ramesh Arora*

समर्पण

श्री माता जी आप की प्रेरणा से निकली
अंदर की आवाज़ आप के चरणों में समर्पित।
"जय श्री माता जी"

लेखक की कलम से...

बहुत वर्षों तक जीवन में यह विचार चलता रहा कि कविता का एक संग्रह छपना चाहिए लेकिन विद्यार्थी जीवन से ही सामाजिक कार्यों में व्यस्त रहने के कारण शायद कुदरत को यह स्वीकार नहीं था। कविता लिखना भी काफी समय तक छुटा रहा। विधि के विधान के अनुसार एक किताब के रूप में संग्रह छपा जिस पुस्तक का नाम 'गूंज' रखा गया और इसकी गुंज इतनी प्रबल हुई कि एक के बाद एक पुस्तक छपती चली गई और वर्तमान में सातवीं पुस्तक छपकर आप लोगों को समर्पित है।

अधिकतर शायरी या कविताएँ परमात्मा के आशीर्वाद से निकलनें लगी। मैं स्वयं भी इस बात पर हैरान था कि कैसे अचानक कुछ मिनटों में भाव कविता का रूप ले लेता है और बाद में स्वयं पढ़ने पर लगता है कि कोई आदृश्य शक्ति मुझसे यह लिखवा रही है। **'रूबरू'** नई पुस्तक के रूप में आपके सामने आ रही है। मेरी आत्मा की आवाज आपको अपने जीवन के अनुभव से मिलाती हुई दिखाई देगी और आपको ऐसा प्रतीत होगा कि जैसे आपके जीवन की भावनाओं को पंक्तिबद्ध किया गया है।

'पैसे की चाहत में बहुत कुछ बिक गया
जो न बिक सका, वो मेरा ईमान है।'
दूसरों की नजरों में बहुत लोग गिर गए
अपनी नजरों से न गिरा, रमेश वो इंसान है।

ऐसे शब्द वास्तव में वर्तमान की अनुभूति है और स्वाभिमान को दर्शाती यह पंक्तियां-

'जमाने ने अपने जीने के अंदाज बना लिए
मैं भी तेरे पैमाने पर उतर जाऊँ, जरूरी तो नहीं'

जीवन में अपने साथ चलने का प्रतीक है। नई रचनाओं में कुछ पंजाबी और डोगरी की रचनाएँ भी आपको पढ़ने को मिल जाएँगी, शायद आपको अच्छी लगें। माँ के जीवन पर काफी कुछ बहुत लेखकों ने लिखा है। इस पुस्तक की रचना "माँ काश तूने मुझे ऐसा बनाया होता", एक अलग प्रकार से भाव को दर्शाती हुई मन को छू जाती है।

जीवन में अकेला चलना पड़ता है, जीवन के शुरू से लेकर अंत तक हर व्यक्ति को प्रेरणा देने वाली पंक्तियाँ ***'अकेला चल रे - उम्मीदों के मीत - अकेला चल रे, सुन आत्म संगीत - अकेला चल रे'*** हर व्यक्ति की कहानी दर्शाती हैं। और आदमी के अंदर चल रहे संघर्ष को दिखाते हुए खलल है ***'ख्यालात में ख्वाहिशें अभी जिंदा हैं, कोशश बहुत की हमने, कभी पूरी नहीं होती।'***

आपको अपने विषय में सोचने पर मजबूर कर देंगी। मैंने आम जीवन में बोले जाने वाली शैली के अंदर लिखने का प्रयास किया है और अपनी धर्मपत्नी के कहने पर इस पुस्तक का नाम **'रूबरू'** रखा है। और वास्तव में आपको अपना वर्तमान इसमें दिखाई देगा।

इसी के साथ जीवन की वास्तविकता के साथ चल रहे मानव के भाव अलग-अलग पंक्तियों में मिल जाएंगे। सहयोग में आने के बाद श्रीमाता निर्मला देवी जी के आशीर्वाद से कुछ लिखा इस पुस्तक में मिल जाएगा, जो उन्हीं के चरणों में समर्पित है।

बहन सरिता रीन का भी आभार प्रकट करना चाहता हूँ जिन्होंने शब्दावली को शुद्ध करने में मेरा सहयोग किया।

अध्यात्म पर व सामाजिक जीवन की अनुभूति पंक्तिबद्ध होकर आपके सामने प्रस्तुत है। शेर का रूप ले चुके भाव ***'बहुत दौड़ के आगे निकल आए- राख होने से पहले, अब गंगा का पानी कह रहा, कुछ चल के दिखा', 'आसमान उठा रखा था जमाने में हमने - दफ़न क्या हुए, मुट्टी भर माट्ी कह रही, उसे हटा के दिखा'***

जीवन की वास्तविकता को दर्शाती है। और उम्र के बदलाव के साथ ***'जिंदगी किस मोड़ पर ले आई हमें - हर सांस से पहले कीमत चुकानी पड़ती है।'***

पिछली किताबों के विमोचन के लिए उपराज्यपाल मनोज सिन्हा (जम्मू -कश्मीर), श्री राजनाथ सिंह (केंद्रीय मंत्री), मनोहर लाल (केंद्रीय मंत्री), रमेश कुमार (डिवकाम जम्मू), लेखक प्रितपाल सिंह, लिलित मंगोत्रा, ब्रिजमोहन, चानन सिंह जैसे अनेक साथियों का धन्यवाद करना उचित समझता हूँ।

इस प्रकार के अनेक भाव आपको अच्छे लगेंगे और आप रचनाओं को जब अपने साथ जोड़कर अपने जीवन को देखने का प्रयास करेंगे तो आपको अधिक आनन्द प्राप्त होगा।

–रमेश अरोड़ा

पूर्व एमएलसी व अधिवक्ता

शुभकामना संदेश

प्रिय रमेश अरोड़ा जी का एक सार्थक प्रयास

जम्मू कश्मीर के वरिष्ठ अधिवक्ता, प्रदेश भाजपा के वरिष्ठ नेताओं की श्रेणी में शुमार, विधान परिषद के पूर्व सदस्य, अपनी जवानी में संगठन के लिए बहुमूल्य समय देने वाले श्रीमान रमेश अरोड़ा जी की अंतर आत्मा में एक कवि भी बसता है, यह तथ्य उनके इस कविता संग्रह से उजागर हुआ है। अपने 104 पृष्ठों के इस कविता संग्रह में रमेश अरोडा जी ने जीवन के हर पहलु को छूने का बेहतरीन प्रयास करते हुए एक कुशल कवि होने का प्रमाण दिया है। इस कविता संग्रह में कवि ने रिश्तों, पैसे, जीत-हार, जीवन, बदलते जमाने, गांव और शहर, सरहद, दुश्मन, अहंकार आदि विषयों को बड़ी संजीदगी के साथ अपनी रचनाओं के माध्यम से प्रस्तुत किया है। विशेषकर इनकी कविता, जिंदगी की लंबी सड़क पर, रमेश... दिल को छू लेनी वाली रचना है। इस कविता संग्रह की विशेषता यह भी है कि कवि ने हिंदी, उर्दू, पंजाबी और डोगरी भाषा में अपनी रचनाओं को बडे शालीन ढंग से प्रस्तुत करते हुए शायरी भी की है। रमेश अरोड़ा जी के इस सार्थक प्रयास के लिए उन्हें ढ़ेरों शुभकामनाएं।

शुभेच्छु

–अरुण खन्ना

विषय सूची

पैसे की चाहत में

पैसे की चाहत में
बहुत कुछ बिक गया
जो न बिक सका
वो मेरा ईमान है।

दूसरों की नजरों में
बहुत लोग गिर गए
अपनी नजरों में न गिरा
रमेश वो इंसान है।

जिंदगी के रास्तों पर
अनेक साथी बिछुड़ गए
जो मेरे साथ चला
रूह को सलाम है।

रोशनी की चाहत में
सूरज भी जल रहा
औरों के लिए जो जिया
शहीद को प्रणाम है।

पत्थर-पत्थर शहर पड़ा
जोड़ा तो घर बना
मंदिर टूट आन चढ़ा
फूल वो महान है।

पैसे की चाहत में
बहुत कुछ बिक गया
जो न बिक सका
वो मेरा ईमान है।

❍

वो दिन कब आएगा

जब सबको तू अपनाएगा
जब अपने से आँख मिलाएगा
जब सबका दर्द अपना बनाएगा
जब अहंकार छूट ही जाएगा।
वो दिन कब आएगा!

जब औरों को पीछे छूटा देख
जब तू भी रुक ही जाएगा
जब उनके चेहरे पे खुशी देख
जब तू मन्द-मन्द मुस्कुराएगा।
वो दिन कब आएगा।

जब अंधेरा तुमसे घबराएगा
जब हर जीवन मुस्कुराएगा
जब किसी को कांटा चुभने पर
जब दर्द तुम्हें हो जाएगा।
वो दिन कब आएगा।

जब तेरी इस दुनिया में
जब भूखा न कोई सो पाएगा
जब कृष्ण बन तू खुद
जब सबकी लाज बचाएगा।
वो दिन कब आएगा।

जब देश की सीमा न होगी
जब प्रेम ही मानव बरसाएगा
जब अपने ही आँसूओं से
जब मरहम उसे लगाएगा
वो दिन कब आएगा!

जब धर्म न बहकाएगा
जब मानव-मानव बन जाएगा
जब अहंकार मिट जाएगा
जब प्रेम की फसल उगाएगा
वो दिन कब आएगा।

जब हर बालक हंसता जग में आएगा
जब उम्र बिता हंस के वापस जाएगा
जब छोटा अपना मन लेकर
जब मानव न चल पाएगा
वो दिन कब आएगा।

जब कोई कुपोषण से
जब मर न पाएगा
जब कोई अपनी गुरबत देख
जब मौत न गले लगाएगा
वो दिन कब आएगा।

जब राम राज्य फिर आएगा
जब राजा राम कहलाएगा
जब असुर ठहर न पाएगा
जब अस्मत सबकी बचाएगा
वो दिन कब आएगा।

सीमा में सारे रिश्ते

सफर कितना भी कर लूं
जमीन के आगे जा नहीं सकता
एक उम्र के बाद कितने भी गहरे हो
मैं रिश्ते खुद से निभा नहीं सकता
सफर कितना भी कर लूं।

बचपन जो नंगे पांव दौड़ आया था
चाह कर भी वापस भूला नहीं सकता
सब कुछ साथ रखने की चाहत तो है
कुछ भी इस घर से ले जा नहीं सकता
सफर कितना भी कर लूं।

सबको अपना बनाने की सोच तो रहा हूँ
खुद को तो, अपना बना नहीं सकता
वक्त तूने दिया है, सीमा में बांध कर
चाह कर भी उसे मैं बढ़ा नहीं सकता
सफर कितना भी कर लूं।

दोस्त, महफिल, रिश्ते सब अच्छे हैं, मगर
हमेशा, तो इसे मैं निभा नहीं सकता
कोशिश बहुत कर ली रुके रहने की
कुछ भी साथ ले जा नहीं सकता
सफर कितना भी कर लूं।

मैं खुद को, तेरी तराजू से तोलता रहा
तुमको छोड़ कर, बगावत कर ली तुझसे दुनिया
पता चला क्यों, खुद को मैं अपना नहीं सकता!
सफर कितना भी कर लूं।

जमीन के आगे जा नहीं सकता
एक उम्र के बाद कितने भी गहरे हो
मैं रिश्ते खुद से निभा नहीं सकता
सफर कितना भी कर लूं।

तुम अपनी सोच सा बनाना चाहते हो हमें

तुम अपनी सोच सा बनाना चाहते हो हमें
मैं खुद को भूल जाऊँ, यह जरूरी तो नहीं।

जमाने ने अपने-अपने जीने के अंदाज बना लिए
मैं भी तेरे पैमाने पे उतर जाऊँ, जरूरी तो नहीं।

पहाड़ सा खड़ा हूँ, सिर को ऊँचा उठाए
पानी बन बह जाऊँ, जरूरी तो नहीं।

तेरी आँखों में, मुकाम बनाया होगा, कुछ लोगों ने
मैं भी दिल में उतर जाऊँ, जरूरी तो नहीं।

तुम हंसी ख्वाब सजा तो रहे हो
मैं उसकी हकीकत बनू, जरूरी तो नहीं।

दौड़ कर मंजिल पा ली तूने, हमें है पता
मैं खुद को मार, मंजिल पे मिलूं, जरूरी तो नहीं।

तुम हर रात में ही इंतजार करते हो मेरा
मैं भी अंधेरे में उतर जाऊँ, जरूरी तो नहीं।

तुम दुनिया को ठोकर लगा के जीते हो
मैं भी कदमों में नजर आऊँ, जरूरी तो नहीं।

चुनौतिया दी होंगी तूने और जीत भी ली होंगी
मैं भी तेरे आगे झुक जाऊँ, जरूरी तो नहीं।

तूने कसम खा रखी है जमाने को झुकाने की
मैं भी तेरी उम्मीदों पर उतार जाऊँ, जरूरी तो नहीं।

तुम अपनी जिंदगी को, दौलत के तराजू में, तोलते ही रहे।
मैं भी उसमें खुद को पाऊँ, जरूरी तो नहीं।

सांस ले रहे हो तुम अपने ही लिए
मैं भी अपने लिए जिंदा रहूँ, जरूरी तो नहीं।

मैं अपने रास्ते जी रहा हूँ जिंदगी
तेरे रास्ते पे चलूं मजबूरी तो नहीं।

मैं अपने रास्ते जी रहा हूँ जिंदगी
तेरे रास्ते पे चलूं मजबूरी तो नहीं।

❍

अपने कातिल को अपने अंदर छुपा रखा है

अपने कातिल को, अपने अंदर छुपा रखा है
इल्जाम ही लगाना है, महफिल में, सबको बुला रखा है।

वफा ढूंढते थे हममें, हमें खुदा बनाकर
न खुदा हम हुए, न खुदा वो निकले।

कातिल की तलाश में, सारा शहर, सिर पे उठा रखा है।
राज जानना है तो सुनो, उसे खुद में छुपा रखा है।

खुदा जो ठहरा, जमीं पे आता है इंसान बनके
जरा रुक के, तुम उससे मिलो तो सही।

दीवार के उस पार जाऊँगा, तो रूह की रोशनी नजर आएंगी
इस पार अंधेरों को भी मैंने घर बुला रखा है।

दुश्वारियों ने हौंसले को हरा दिया
मुक्कदर कहाँ तक हमें लेकर चलता

जीत ही जाता, अगर रूह से मिलता
आराम का सामान, कहाँ तक साथ निभाता।

खुदा मैं नहीं, पर बनना है मुझे
उनके दिल में जो हमें खुदा बना रखा है।

मुश्किलों में जीने की आदत डालो
हर हंसी की कीमत चुकानी पड़ती है।

हमारा चेहरा, बदल-बदल

हमारा चेहरा, बदल-बदल
वक्त दिखाता रहा हमें
कुदरत का अविष्कार हूँ
बार-बार समझाता रहा हमें।

खुद को न पहचानने की
कसम हमने खा रखी थी
मौत के नजदीक ले जा
वापस भी लाता रहा हमें।

जमीन पर आते भी देखा
कंधों पर जाते भी देखा
तमाशा जिंदगी का था रमेश
बिन पैसे दिखाता रहा हमें।

कुछ पा के देखा
कुछ गवा के देखा
कुछ हंसा के देखा
कुछ रूला के देखा।

खण्डर इमारतों में छुपे
हमने गरूर को देखा
पावों की धूल बने
हमने मगरूर को देखा।

आज को कल में बदल
इतिहास बनाता रहा हमें
खुद को देखते तो समझते
आईना तो दिखाता रहा हमें।

हम दीपक थे सूरज नहीं
हवा से डराता रहा हमें
वक्त हमारा नहीं रहेगा
हर बार बताता रहा हमें।

कभी आदमी, कभी खुदा
वे बनाता रहे हमें
हम जब भी सो जाते
रूह बनके जगाता था हमें।

❍

देखन नई, क्यों मन ललचावें

न रब ऐथे, न रब ओथे
न रब अंदर, न रब बाहर
न कण-कण, बसदा रब मेरा
न हर मन, बसदा रब मेरा।

देखन लई, क्यों मन ललचावें
पान लई क्यों, तड़पदा जावें
क्यों तू इतनी दौड़ लगावें
मंदिर, मस्जिद, गुरुद्वारा बनावें।

कदी राम नाम जप के बुलावे
कदी मस्जिद चढ़ आवाज़ लगावें
कदी पहाड़ पूज उसनू मनावे
कदी देह अपनी तू सतावें

झलया, न रब तेरा न रब मेरा
न रब चन्गा, न रब मंदा
क्यों तू उसदा करदा धंधा
कदे उस नू कहंदा मंदा

रमेश रब ने सारे खेल रचाए
सब अपने आप उलझाए
रब दे बंदे समझ न पाएं
रब होके भी लगदे पराए

प्यार दी ताकत समझ न पाए
रब खुद अपने नू खेल दिखाए
तू भी उस दा रूप ऐ बंदेया
जो पाना ऐ पा ले बंदेआ।

तड़प तो है कुछ पाने की

तड़प तो है कुछ पाने की
जो दौड़ इतनी लगाई
अपने को पा ले तूँ भी
क्या जग में खोजन आई।

औरों का प्रेम पाने में तूने
उम्र अपनी दी तूने गवाई
आईने में खुद को देखा नहीं
देख सबको, सोच क्या है पाई।

रमेश जगत सब मिथ्या है
कौन सदा यहाँ रुक पाए
अपने को पाते ही देखो
प्रभु मिलन को आए।

संसार में सहज ही प्रीत निभाई
सहज ही संसार दिओ चलाई
बीज बड़ा होकर पेड़ बना
क्या दिया तूने उसे उगाई?

प्रेम सहज ही मिल जावे
क्यों मन रहा है ललचाई
अपने से प्रेम जो करता
दुनिया भी प्रीत निभाई।

अंधी दौड़ में, क्या लिया कमाई
मुठ्ठी बन्द आया, खाली लौट जाई
पाँच रतनों का जीवन मानव
अनमोल बंदे क्यों लिया गवाई।

आत्मा को मिला नहीं कभी तूँ
सबको मिलकर क्या पाई
प्रेम खुद से करके देख
जीवन सहज चलता भाई।

पानी कितना बहा के देखा
कहाँ फसल, उग हे पाई
बीज, धरती, हवा, पानी
मिलकर पेड़ उगाई।

दूसरों से रिश्ते निभाते-निभाते
अपना आप दिओ तूँ गवाई
अपने से आँखें मिलते ही
संसार में सब मिल जाई।

❍

अपने आप समझ न आया

अपने ही भावों में जकड़ के
आकाश में मानव उड़ता है
जड़ता जग को छोड़ सारी
बीज तभी वृक्ष बनता है

भाव कैसा सब उसकी माया
अपने आप समझ न आया
रुक कर अपने को देख
कमल यूँ कीचड़ खिलता है

बड़ा हुआ पर विशाल नहीं
इसमें मेरा कोई कमाल नहीं
अपनी करनी आप कर पाता
तो ही तूँ भगवान कहलाता।

मैं रचना हूँ उसकी सारी
मैं अलग उससे कुछ और नहीं
वो मेरा क्यों कर न होगा
इस पर उसका जोर नहीं।

सूरज तेरा धरती भी तेरी
आकाश, अम्बर के सब तारे
अकेले में अपने को देखा
कैसा करिश्मा उसका प्यारे।

आत्मा कोई और नहीं है
छुपा तक कोई चोर नहीं है
मिलकर उसको देख ज़रा
रोशनी का कोई छोर नहीं है।

मैं अपना ही दुश्मन हूँ
अहंकार ने मुझे है घेरा
कौन जाने इस मुसाफिर को
हो जाएं कहाँ दर्शन तेरा।

आशा और निराशा छोड़ दे
सम्पूर्ण भाव से खुद को जोड़ दे
सब बंधन तब टूट जाएंगे
सब में वही नजर आएंगे

पुण्य संचय कर, न पाप
तू बस अपने साथ चल रे
कौन जाने आज मिला जो
वो मिलेगा कहाँ कल रे।

सब पाने की इच्छा छोड़
किसे तू अपना कहता है
पानी भी कभी रुके देखा
बूंद-बूंद वह भी बहता है।

○

प्यार बांटों, तो सूरज की तरह

प्यार बांटों, तो सूरज की तरह
हवा बनो, जो तन में उतरे
बरसो सब पर, बादलों की तरह
जिंदगी के रेले, फिर कहा मिलेंगे
प्यार बांटों, तो सूरज की तरह।

यह आँसू, यह जज्बात, बहने दो
बातें रूह की, इन्हें कहने दो
औरों के लिए, फाँसी पर चढ़े
अब उन्हें भी, जिंदा रहने दो
प्यार बांटों, तो सूरज की तरह।

अपने लिए जीना-तेरी पहचान नहीं
सांसें चंद रोज, रुका मेहमान नहीं
तरक्की, कब, इमारतों से बनी
बहता पानी है, प्यार, बहने दो
प्यार बांटों, तो सूरज की तरह।

यह मजहब, मुहल्ला, जात की बातें
जहन का जुनून, बेकार की बातें
बहुत दूर आएं, बहुत दूर जाऐगा
इस जमीन पर कौन रुक पाएगा
प्यार बांटों, तो सूरज की तरह।

महल ऊँचा जितना भी बना ले
खण्डर तो कभी वो कहलाएगा
मौसम बन, फूल खिला, आप मुस्कुरा
अकेले आना और जाना काम आएगा
प्यार बांटों, तो सूरज की तरह।

इंसान नहीं, तो आदमी ही बन
कुदरत की देन, रूसवा न कर
जीने आया है, जी के चल
कौन किस को कब, याद आएगा
प्यार बांटों, तो सूरज की तरह।

❍

पता चला ऊपर वाला तेरे साथ है

पता चला ऊपर वाला तेरे साथ है
तू अपने साथ हो फिर क्या बात है!
बूंदों से तू समुद्र बना सकता है
अंधेरा अपने ज़हन से मिटा सकता है।
पता चला ऊपर वाला तेरे साथ है
तू अपने साथ हो तो फिर क्या बात है

कमजोर, लाचार, बेचारा बनके जीना क्या
विश्वास कर, विश्वास तू जगा सकता है
बेढंगे, भटके तूफानों को राह दिखा सकता है
निराश हो चुके मानव में प्रेम जगा सकता है।
पता चला ऊपर वाला तेरे साथ है
तू अपने साथ हो तो क्या बात है।

वर्तमान में जीना सिखा सकता है
जैसे भी हालात हो रिश्ता निभा सकता है
प्रेम को तरस रही इस दुनिया को
अपने प्रेम से नहला सकता है।

निराश असहाय होकर जीना क्या
तू रास्ता हर आदमी को दिखा सकता है
जो कभी किसी का न हुआ होगा
उसे भी तू अपना बना सकता है।

टिमटमाते दीप भी बुझने न देना कभी
हर दीप तू जला सकता है
रोशनी तेरी भी सूरज से कम कहाँ
अंधेरा पल में मिटा सकता है।

मेरी सोच सबको समझ आने लगे
ऐसे गीत तू गा सकता है
आदमी इंसान बन के जीता रहे
ऐसी फसल तू उगा सकता है।

प्रकाश पुंज बन के चमकता रहेगा
सदियों को तू, रास्ता दिखा सकता है
अंधेरा दिलों में पसरने न देगा
रूह की रोशनी जगा सकता है।

❍

बहुत दौड़ के आगे निकल आए - राख होने से पहले

बहुत दौड़ के आगे निकल आए - राख होने से पहले
अब गंगा का पानी कह रहा - कुछ चल के दिखा।

आसमान उठा रखा था जमाने में हमने
दफ़न क्या हुआ, माट्टी, मुठ्ठी भर कह पड़ी, उसे हटा के दिखा

मुठ्ठी बन्द आया था रिश्ते सब बनाने लगे
खाली हाथ चला - दोस्त कह रहे कुछ ले जा के दिखा

जमीं के रिश्ते जमीं में दफन हो जाएंगे
आसमान कह रहा है किस्से आसमानी फरिश्तों को सुना

वक्त बहुत बदल-बदल के समझाता रहा तुम्हें
एक पल कह रहा है उसे बदल के तो दिखा

उम्र रोक बचपन में सोचा, दौड़ते ही रहेंगे
वक्त क्या बदला, कह रहा है, कुछ कदम चल के दिखा

तेरे तजुर्बे, ख्वाहिशें, तेरे अफसाने नहीं सुनाने किसी को
सफर खत्म हो गया, खुद को सुना के तो दिखा

अगर जिंदा है तो बात कर रूह से अपनी
उसे भूल के जी रहा है, उसके साथ जी के तो दिखा।

रूह ही है जो साथ आई और साथ जाएगी
औरों को छोड़, उसकी सुन - अपनी उसको सुना

यह महल-दौलत, मकान कब किसी के हुए
एक कतरा बूंद का साथ ले जा के तो दिखा।

❍

अपनी जीत और हार के बीच में स्वयं खड़ा हूँ

अपनी जीत और हार के बीच में स्वयं खड़ा हूँ
मर्यादा मेरा धर्म है, तोड़ने पे क्यों अड़ा हूँ

जनता हूँ मैं शहनशाहों का शहनशाह हूँ
फिर क्यों अपने मैयार से नीचे खड़ा हूँ

अंधेरे से डरता - क्यों फिर उसी और चल पड़ा हूँ
अपनी ही आवाज दबाने पे क्यों अड़ा हूँ

पहाड़ हूँ बहुत ऊँचा सर उठाए यूं खड़ा हूँ
बूंद भी गिरा देगी गरूर मेरा - किस अभिमान में पड़ा हूँ

जानता हूँ गलानी भाव, अपने में नहीं भरना है मुझे
फिर अनचाही वासना के पीछे क्यों पड़ा हूँ

दुनिया बन के और बना के सब देख चुका हूँ
क्यों खुद में अपने सिहासन से दूर खड़ा हूँ

मुझे मेरी ही समझ आने लगी है
राम-रावण दोनों को अपने में पाने लगी है

अपने मेरे मुझे रास्ता न दिखा पाएंगे
वक्त आने पे दूर खड़े नजर आएंगे

लो रमेश सिहासन खाली नजर आने लगा है
कौन रोक लेगा अगर तू बढ़ जाने लगा है।

अल्फ़ाज शायरी के रूह में न उतरें, तो उसे सुनना क्या
हवा जो सांस न बन सके, उसका चलना क्या, रुकना क्या।

❍

रेत में पक्के निशां बनाता जा रहा हूँ

रेत में पक्के निशां बनाता जा रहा हूँ
जिंदगी में ख्वाहिशें बढ़ाता जा रहा हूँ

हजारों हजार साल, जिसने वफा न की
जिंदगी, फिर तुम्हें मैं, आजमाता जा रहा हूँ

सुलझाते तुम्हें जिंदगी, बहुत से उलझ गए
मैं जाते हुए खाली हाथ दिखाते जा रहा हूँ

जमीन पे आदमी तुम्हें समझ न सका
किस्से आसमानों के सुनाता जा रहा हूँ

किसी ने बेटा, भाई, किसी ने दोस्त कहा मुझे
मैं तेरा सब तुम्हें लोटाता जा रहा हूँ

अभी भी वक्त है अपने पास ठहर जाने का
क्यों दौड़ मैं इतनी लगाता जा रहा हूँ

पानी पे चलने की कला सीख रहा हूँ
जमीं पर चलना भुलाता जा रहा हूँ

अपने पास रुकने की आदत बनाना चाहता हूँ
शहर पे शहर बदलता जा रहा हूँ मैं

बेमाने लफ्ज़ों में जिंदगी ढूंढ रहा हूँ
क्या कर रहा क्या करता जा रहा हूँ।

❍

अपने पास

मुझे अपने पास रहने की कीमत चुकानी होगी
मुझे अपनी ही बनाई सरहद लांघ जानी होगी

यूँ जीना पहले भी मुश्किल था इस जमाने में
मुझे अपनी अजमाईश और मुश्किल बनानी होगी

जी न सकूँ अपने साथ - तो जीने का मजा क्या
मुझे हर गम में हंसने की आदत बनानी होगी

औरों को कुछ भी कहूँ - गलत या सही फर्क नहीं पड़ता
मुझे अपने साथ अपनी आँख तो मिलानी होगी

कोई फर्क नहीं कितनी भी दौलत और शौहरत कमा लें
मुझे अपनी आवाज सिर्फ खुद को सुनानी होगी

रास्ते के चिराग रोशनी करे या अंधेरा
मुझे अपनी 'लौ' तो खुद ही जलानी होगी

रमेश सफर इतना भी आसान नहीं, समझते थे हम
मुझे कीमत हर मोड पर, आँसू पीकर चुकानी होगी।

तेरी दुनिया दिखाती कुछ और है और करती है कुछ और
मुझे मेरी किश्ती बहाव में उलटी चलानी होगी।

मुझे तू मिले या न मिले ऐ खुदा
मुझे मेरी किश्ती खुद किनारे लगानी होगी।

❍

मेरा-मेरा करदे उम्र लंग गई

जे अपने नू नई वेखाया
रब नू देख के की पाना
जे प्यार जान दे बाद कित्ता
की करण तू जग विच आना।

मेरा-मेरा करदे उम्र लंघ गई
की तू ऐथों ले के जाना
राजा हो के भी रंक बन जीवें
ऐ अहम भी नाल नई जान।

पानी दा बुलबुला उड़ चलया आसमान
खरे किस पहाड़ नाल जा टकराना
प्यार जे अपने नाल तू कित्ता नई
ते की करण जग विच आना।

सूरज मेरा चांद भी मेरा
किवें सब नू अपना बनावा
जमीं उत्ते कुछ कदम चलदा
घर पेआ अपना वसावा।

धन-दौलत लै कमाई
मनुखता भुलदा जावां
आत्मा नू नई देखआ
परमात्मा तो की पावां।

रमेश दुनिया अपने नाल जी
मेरे घोटन मेरीया सावां
कलयुग इस नू केन्दे न
सत्त युग किथों लिआवा।

प्यार दी कदर जान ले तू
असमाना तो भी बरस जावां
आदमी रमेश इंसान बन जावे
रब नू मिल की पावां।

सफर में हम सफर ढूंढता है

सफर में हम सफर ढूंढता है
यह क्या कर रहा है क्या ढूंढता है
मेरा, मुझ सा, कोई और है क्या
जो नहीं तो क्या ढूंढता है।

तन-मन सोच सब तेरे हैं
जमीन भी तेरी, आसमान भी तेरा
गुम हो गया, अपने से दूर होकर
खुद को छोड़कर किसे ढूंढता है।

कैसा तजुर्बा, कैसा संसार, कैसा हादसा
क्या कर रहा है, किसे ढूंढता है
न गम, न खुशी, न घर मेरा
बेगाने शहर में, कोई अपना ढूंढता है।

यह दौलत-यह शोहरत यह मुकाम रमेश
कब किसी का हुआ, अब तू ढूंढता है
मरघट में लाशें का ढेर है
कहाँ तू आ के, जिंदगी ढूंढता है।

खुदा की सोच, तुम्हें जहाँ तक लाई
उसकी दुनिया में क्या ढूंढता है
बह रहा पानी - बहता ही जाए
थक गया मुसाफिर- रेत में निशा ढूंढता है।

○

माँ "काश" ऐसा मुझे बनाया होता

माँ "काश" ऐसा मुझे बनाया होता
"काश" मुझे मेरे पास रहना सिखाया होता
मुझे मेरा असली चेहरा दिखाया होता
तेरे आंचल का मलहम तो अच्छा था
जख्म लगने देती, फिर मलहम लगाया होता
माँ "काश" ऐसा मुझे बनाया होता।

मुझे मेरी आत्मा से कभी मिलाया होता
तेरी नहीं अपनी सुनू इतना समझाया होता
दुनिया की भीड़ में गुम न होता कभी
आईना मुझे मेरा अगर दिखाया होता
माँ "काश" ऐसा मुझे बनाया होता।

रिश्तों को दुनिया बनाती और मिटाती
जा रहे इंसान से कभी मिलाया होता
चल तो लेता कुछ कदम अपने साथ
रास्ता कुदरत का यह बताया होता।

मुझे दुनिया का हुनर क्यों सिखा दिया
मेरा आईना मुझे दिखाया होता
शमशान में मैं जल ही जाऊगा
काश प्यार से यह समझाया होता
माँ "काश" ऐसा मुझे बनाया होता।

माँ दुनिया की धूप से तू बचाती रही
आंचल में अपने तू सुलाती रही
कांटें चुभेंगे दर्द भी देंगे हमें
काश कोई कांटा चुभाया होता
माँ "काश" ऐसा मुझे बनाया होता।

तेरा कर्ज न चुका पाऊँगा पता है मुझे
काश कुछ और तूने इसे बढ़ाया होता
तेरी आंखों से दुनिया देखता रहा मैं
मुझे मेरे पास रहना भी सिखाया होता
माँ "काश" ऐसा मुझे बनाया होता।

हम आसमानों के फरिश्ते जमीं पर आऐ
कुछ ले जा के हमें समझाया होता
तू भी तो रिश्तों में कुछ खोजती ही रही
मुझे मेरे अंदर का इंसान दिखाया होता।

❍

सागर से गागर लाई रे

सागर से गागर लाई रे
टूटी गागर सागर जा मिली
बूंद कहा ठहर पाई रे
बूंद कहाँ ठहर पाई रे।

हवा संग बूंद चलके
धरती से आन टकराई रे
अनेकों की प्यास बुझा
फिर सागर में समाई रे।

कभी मोती, कभी ओस
कभी प्यास बुझाई रे
अनेक जन्मों का यह काम
दुनिया समझ न पाई रे।

अपना मेरा रटते-रटते
सारी रात गवाई रे
हवा का झौंका ले उड़ा
बात समझ न आई रे।

मेरा-मेरा करके रोया
अपना सब पल में खोया
किस ओर ले चली जिंदगी
कैसी प्रीत लगाई रे।

ऊँचे महल पत्थर हो गए
अपनी शान गवाई रे
ज्योति ज्ञान की जगा के देखी
आत्मा भी मुस्कुराई रे।

❍

जमाना बदलता जा रहा है

जमाना बदलता जा रहा है
किस्से अपने सुना रहा है
हम तो बीता हुआ कल हैं
अंदाजे जिंदगी अपनी दिखा रहा है
जमाना बदलता जा रहा है।

हमने कैसे-कैसे वक्त को झेला है
सलवटें माथे पर ला रहा है
हमारे बनाए घर को हमसे छीन
कैसे अहंकार दिखा रहा है
जमाना बदलता जा रहा है।

न सूरज, न धरती, न उसका
सब अपना ही बता रहा है
गरम खून जो ठहरा, उबले जा रहा है
ठोकर लगा के भी मुस्करा रहा है
जमाना बदलता जा रहा है।

न आंखों में शर्म, न लिहाज उम्र का
ऐसे चेहरा बना के चिढ़ा रहा है
हम भी तो कुछ चले थे ऐसे
अपनी बेढंगी चाल से डरा रहा है
जमाना बदलता जा रहा है।

वक्त बदलेगा ही, बदलता है
क्या हमें यह समझा रहा है
हमने भी वक्त को रोक के देखा कभी
क्यों वक्त अब दौड़ता जा रहा है
जमाना बदलता जा रहा है।

❍

यह शौरो गुल -
यह आसमानों की बातें

यह शौरो गुल - यह आसमानों की बातें
वो किस्से रहे किताबों के सुनाते
हम इन्हें समझाए तो बता कैसे
क्या वो समझते, क्या हम समझाते।

आज मंदिर-मस्जिद सब खाली है
हम कभी इन्हें देखने नहीं जाते
क्या बताए हम कम्बखतों को
क्यों तुम शीश रहे हो झुकाते।

हम चलते रहे नासमझी में अक्सर
बस रहे जमाने के दस्तूर निभाते
चलते रहे ता उम्र काफिले का हिस्सा बन
खुद को उम्र भर कहाँ मिल पाते।

आईना दूसरों को दिखाने का दस्तूर बना रखा है
हम इसे कहाँ तक जिंदगी में निभाते
आज अपने से मिले तो खुदा पा लिया
रमेश औरों को कैसे यह समझा पाते।

खुदा खुद बन के देखते तुम
हर शख्स में छुपा खुदा पाते।

○

हादसों की दौड़ती तस्वीर नजर आती है

मौत भी कई बार जिंदगी छू के निकल जाती है
देखती है क्या कभी उसकी याद आती है
जिंदगी चलती रही सफर में उम्र भर यूँ
हादसों की दौड़ती तस्वीर नजर आती है।

हर कोई, सब कुछ पाना चाहता है दुनिया में
भूल जाता है, वो खाली हाथ आती,
और खाली ले जाती है
कोई तो टोक लेता, इस बेढंगे सफर को
चढी तो थी पहाड़ मुश्किल से,
पलों में जमीं पर लौट आती है

इक नशा है जो आदमी जी रहा है जहाँ
कोई उम्र भर करता, किसी को सुबह उतर जाता है
यह प्रेम आपको, मुझे, सबसे मिला तो है मगर
कीमत सांसें है, जो जिंदगी दे चुकानी पढ़ती हैं।

अच्छा है जो तूने अपना घर बना लिया रमेश
जिंदगी दूसरों के कंधों पर बितानी पड़ती है
मेरी-मेरी जिंदगी करके भी क्या जीना
खुदा को उसकी अमानत लौटानी पड़ती है।

बचपन की मासूमियत, बुढ़ापे का तजुर्बा
इसी में जिंदगी चलानी पड़ती है
कोई एक चाँद बनके भी चमकता होगा
वरना जुगनू बन के जिंदगी बितानी पड़ती है।

○

मेरे शहर के ख़्वाब अभी अधूरे हैं

मेरे शहर के ख़्वाब अभी अधूरे हैं
जो मिला उसका लुत्फ उठाएं कैसे
जो नहीं मिला उसे भूल जाऊँ कैसे
मेरे शहर के ख़्वाब अभी अधूरे हैं।

अभी तो शहर के मुख्य द्वार ने सर उठाया है
अभी तो मुख्य मार्ग अपने पे मुस्कुराया है
लेकिन पुरानी टूटी गलियों का दर्द भूल जाऊँ कैसे
मेरे शहर के ख़्वाब अभी अधूरे हैं।

मेरा शहर सतरंगी रोशनी में चमचमाया है
ऊँची गगन, इमारतें गोद में ले मुस्कुराया है
छोटी पिछड़ी बस्तियों को भूल जाऊँ कैसे
मेरे शहर के ख़्वाब अभी अधूरे हैं।

कुछ नए पेड़, कुछ फूल, आँचल में खिल आए हैं
मेरे शहर में जमीं के ऊपर रास्ते बनाऐ हैं
बिखरे विरान जंगल को भूल जाऊँ कैसे
मेरे शहर के ख़्वाब अभी अधूरे हैं।

शहरों की दीवारों को कुछ रंगों से सजा रखा है
जंगल के राजा को बड़े पिंजरे में बिठा रखा है
आदमी को फिर से इंसान बनाऊँ कैसे
मेरे शहर के ख़्वाब अभी अधूरे हैं।

सच्चे और अच्छे इंसान अभी भी
जिंदा हैं शहर की लाइब्रेरी में
शहर कह रहा है इन्हें फिर दौड़ाऊं कैसे
आत्मा मेरे शहर की परेशान दिखाऊं कैसे
मेरे शहर के ख़्वाब अभी अधूरे हैं।

मुक्तसर सी कहानी है

मुक्तसर सी कहानी है
खुद पे दुनिया फानी है
शहनशाह बना, वक्त की परवाह नहीं
हम पे भी चढ़ती जवानी है
मुक्तसर सी कहानी है।

ज़मीन सबकी नदानियों का
बोझ उठाकर रुकती नहीं कभी
तुम बड़े क्या हुए
कहने लगे जिंदगी चलती नहीं
मुक्तसर सी कहानी है।

चलती लहरों से पूछो
चलती है किसके सहारे
तैरना सीख लिया तूने
हर वक्त क्यों ढूंढते किनारे
मुक्तसर सी कहानी है।

सूरज ने भी विश्राम
अगर कुछ दिन किया होता
तो बता दे दोस्त दिल पे हाथ रख के
कितने दिन तू और जीया होता
मुक्तसर सी कहानी है।

शिव-शिव न कहलाता
अगर गरल न पीया होता
तू भी अपने से बाहर निकल
काश औरों के लिए जीया होता
मुक्तसर सी कहानी है।

मुक्तसर सी कहानी है
खुद पे दुनिया फानी है
शहनशाह बना, वक्त की परवाह नहीं
हम पे भी चढ़ती जवानी है
मुक्तसर सी कहानी है।

❍

अकेला अपने साथ चल रे

अकेला अपने साथ चल रे
प्रेम की बरसात चल रे
किसको सफर में पाने चला
तू तो अपने साथ चल रे
अकेला अपने साथ चल रे

अंधेरे तूफानों से क्या घबराना
सूरज उगेगा, उजाला तो होगा
कर अपने पे विश्वास चल रे
अकेला अपने साथ चल रे

समुद्र भी तू, बूंद भी तू
रचना भी तू, रचयिता भी तू
सृष्टि का मधुर संगीत भी तू
हर पल अपने साथ चल रे
अकेला अपने साथ चल रे

सफर भी तू, हमसफर भी तू
कर अपने पे विश्वास चल रे
कौन बना, कौन छूट गया
सब को ले, सबके साथ चल रे
अकेला अपने साथ चल रे

कौन किसका कब हुआ है
तेरी रचना तू न जाने
अपनी रचना भी न पहचाने
अपने पे कर विश्वास चल रहे
अकेला अपने साथ चल रे

संगीत भी तू, मधुर गीत भी तू
ब्रह्माण्ड के हर कण-कण में तू
शहनशाह भी तू, कंगाल भी तू
प्रेम से माला माल चल रे
अकेला अपने साथ चल रे॥

❍

डोगरी

हून चलना और भी मुश्किल
लम्बी परछाई त्रकाले आली अगर
दो मानू बैठ रूखे ऐठ
किस्से जवानी दे सुना करदे
दो मानू ...

कई उच्चे बड़े-बड़े पहाड़
चढी जन्दे ही ओ अक्सर
हुन टुकर-टुकर दिखदे जा करदे
किस्से जवानी दे अपने सुना करदे
दो मानू ...

अपनी ही गल्लां याद करिऐ
अथरू अखाँ च ते मुस्कुरा करदे
कीयाँ- कीयाँ शिकार करदे है
अपनी-अपनी गल सुना करदे
दो मानू ...

छल चलाकी दा पता नई
सब हँसदे-हँसदे लुटा करदे
हुन कौन अपने- कौन पराए
इक दुजेगी सुना करदे
दो मानू ...

अपनी ते शान सब्बें तो बखरी ही
अपने मनेगी परचा करदे
अँधेरे गी भी गले लगाया
हून उस्से विच गे सम्मां करदे
दो मानू ...

वक्त-वक्त दी गल करिए
आसमाना गी तकदे जा करदे
हून चलना भी ओआ मुश्किल
अपने हाल ते हँसदे जा करदे
दो मानू ....॥

दुआ माँग सबके लिए, हाथ तो उठा

दुआ माँग सबके लिए, हाथ तो उठा
झोला अपना रहमतों से भर जाएगा

उसको देखने की जिद न कर
आईनें में सब तुम्हें नजर आएगा

औरों के लिए जीने की आदत में
सकून अपने में ठहर जाऐगा

मै छोड़, हमको पहचान ले
सब तेरे अपने है यह जान ले

बेगाना मत कहो, बेगाने हो जाओगे
खुद से तुम, कब मिल पाओगे

अकेला कोई जी भी नहीं सकता
फिर किस बात का गरूर है तुम्हें

मेरा घर नहीं सिर्फ दुनिया है मेरी
क्यों मैंने अपने से नाता तोड़ लिया!

○

अनजान जिंदगी देख घबराता है क्यों

अनजान, जिंदगी देख घबराता है क्यों
खाली हाथ-खाली रहेगा, अपने से दूर जाते हैं क्यों

अनजान, जिंदगी देख, बहुत मुस्कुरा रहे हो
लगता है किसी की, लाश से मिलकर आ रहे हो

अनजान जिंदगी को देख भी लिया समझ भी लिया
फिर बार-बार पछताता है क्यों
रोज वफा की तलाश में जाता है क्यों?

जिंदा रहने की चाहत है तो फनाह हो चुके लोगों से मिलो
सबब और सबक, अपनों से नहीं, पराये से मिलेगा

खुदा बनने की ख्वाहिश बुरी बात नहीं
आदमी इंसान बनता तो खुदा नज़र आता

ख्वाहिशें बड़ी करके, खुद को छोटा बनाता हूँ मैं
सब कुछ खुद में छुपा रखा है, किसे तलाशने जाता हूँ मैं

सारी उम्र दूसरों को आईना दिखाते हैं
प्यार करते हो नहीं मिलता, तो दोष दूसरों पे लगाते हैं

हम नासमझी में रहे
जमाने के दस्तूर निभाते
चलते रहे काफिले का हिस्सा बन
कहाँ अकेले में खुद को मिल पाते

आज खुद से मिले तो खुदा मिल ही गया
दुनिया ने किस-किस को खुदा बना रखा है

आईना औरों को दिखाने का
दस्तूर हम रहे निभाते
अपनी नज़र से आज देखा आईना
इससे ज्यादा क्या देख पाते!

यह शोरो गुल, यह आसमानों की बातें
वो किस्से रहे किताबों के सुनाते
हम इन्हें समझाए तो कैसे
वो क्या समझते, हम क्या समझाते

आज मंदिर, मस्जिद सब खाली है
कभी हम देखने नहीं जाते
कौन बताऐ इन कमबख्तों को
क्यों तुम रहे हो शीश झुकाते

खुदा-खुदा बनके देखते
हर शख्स में इसे छुपा पाते
ख्वाहिशें बड़ी और बढ़ती ही गईं
पता देर से चला जिंदगी छोटी रह गई।

❍

आज न जीत है न हार है

आज न जीत है न हार है
अद्भुत तरंगों का तन में संचार है
उपहार पर भी मन शान्त और मूक है
अन्न भी तेरा-तेरी भी भूख है!
आज न जीत है ...।

कौन कितना कहाँ तक अब दौड़ेगा
मृग तृष्णा कहाँ तक साथ जोड़ेगा
देखा खुद को दर्पण में जब से मैंने
उजाला चारों ओर अंधेरा मश्कूक है
आज न जीत है ...।

मेरी आत्मा मुझे ही जाने
छुपे अन्तःकरण को पहचाने
कौन अनमोल वचन सुने तेरे
कहाँ कुछ पाने की भूख है
आज न जीत है ...।

मानव जीवन का यह सूरज
कहाँ उगता- कहाँ डूब जाता है
अनोखे इस माया चक्र को तोड़ने
कैसी मानव में भूख है ...।
आज न जीत है ...॥

जन्म-मृत्यु दो शब्द बनाए
दोनों अपने में ही समाए
कौन कैसे पाप धोऐ अपने
रास्ता सरल पर मूक है
आज न जीत है ...।

समझे कौन रमेश इस रचना को
साक्षी भाव क्यों कर छूटा
अशान्त सागर में शान्ति गहरी
रचनाकार हंस रहा-रचना तो मूक है
आज न जीत है ...।

○

उम्र गुज़र जाती है

औरों को समझने में
उम्र गुज़र जाती है
आती है अपनी याद
बहुत देर हो जाती है!

दुनिया की रिवायते निभाते रहे हम
कुछ सुनते कुछ सुनाते रहे हम
कुछ अपना कुछ उनका कर्ज बहुत था
ता उम्र उसे ही चुकाते रहे हम!

दुनिया की भीड़ में सबको
क्यों अपना बनाते रहे हम
अपना पता बड़ी देर से चला
सब रिश्तों को अपना बताते रहे हम!

समुंद्र देख के खुश न हो
इक कतरा-कतरा जुटाते रहे हम
जिस शहर को देख-खुश हो रहे हो
सारी उम्र उसे बनाते रहे हम!

आईना भी आज मुस्करा रहा है
सारी उम्र सबको दिखाते रहे हम
अपना चेहरा देखते फुर्सत कहां
ऐसे आईना खुद से छुपाते रहे हम!

जीवन

कैसा दीपक कैसी बाती
कौन है तेरा जीवन साथी
गहरा भेद और गहराया
मानव इसको समझ न पाया!

यह जग उसने ऐसा बनाया
कोई इसे जान न पाया
आंखों से भी देख न पाया
मन ने उतना और उलझाया!

जीवन की महक - धरा पे आती
अंबर से बूंद - बरस ही जाती
जन्मों-जन्म यह चलता आया
भूल के उसको जन्म गवाया!

मेरा मैं नहीं - मेरी न काया
तेरा ले सब - बांटन आया
इतना भी समझ न पाया
तेरा तुम को न लौटाया!

तेरा मैं भी - तेरी माया
मेरा क्या जो मैंने बनाया
अहम देखो इतना बढ़ाया
चंद सांसों का जीवन गवाया!

वक्त को चलते देख घबराया
अपना वक्त भी निकट है आया
हजारों-हजारों साल की बातें
एक जीवन में समझ न पाया!

कैसा दीपक - कैसी माया
निर्मल मन है - निर्मल काया
छोटा मन ले तू घबराया
अपना भेद भी समझ न पाया!

❍

अकेला चल रे - अकेला चल रे

अकेला चल रे - अकेला चल रे
मन को जीत - अकेला चल रे
तू अपना मनमीत - अकेला चल रे
कर सबसे प्रीत - अकेला चल रे!

उम्मीदों के मीत - अकेला चल रे
सुन आत्म संगीत - अकेला चल रे
प्यार से जीत - अकेला चल रे
संसार ले जीत - अकेला चल रे!

बाधाओं के विपरीत - अकेला चल रे
कष्टों को जीत - अकेला चल रे
अपने को जीत - अकेला चल रे
अकेला सफर है - अकेला चल रे!

भरोसा अपना जीत - अकेला चल रे
कैसी किससे प्रीत - अकेला चल रे
भावनाओं को जीत - अकेला चल रे
सुन ब्रह्मण्ड संगीत - अकेला चल रे!

सफर में अकेला - अकेला चल रे
अनुपम सा मेला - अकेला चल रे
आसमान से उतरा - अकेला चल रे
अनजाना सफर अकेला चल रे!

उसी की रचना - अकेला चल रे
उसी का उपहार - अकेला चल रे
उसी का संसार - अकेला चल रे
उसी का कहना - अकेला चल रे!

लम्बा सफर है - अकेला चल रे
दूर है मंजिल - अकेला चल रे
रास्ता है दुश्वार - अकेला चल रे
निभा अपना साथ - अकेला चल रे!

शेर

तुम्हारे प्यार की हद तो देखो - मुझे मुझी से दूर कर दिया
रास्तों में भीड़ के रेले - अकेले को और अकेला कर दिया!

हर बात तेरी याद आती है
मुझे अपने से दूर ले जाती है!

अनोखे शहर का - अंजाना सफर
गुम हुई राहें - रास्ता बताती हैं!

दुनिया में जो अपने साथ जी न सके
हमें अपने पास रहने का हुनर सिखाने पे तुले हैं!

गली, मोहल्ले, शहर यह ज़मी - कुछ कदमों में लांघ जाते थे
आज घर भी हंसी उड़ा रहा है - जरा दहलीज लांग के दिखा!

कंपकंपाते हाथ धीरे से उठते कदम
चेहरे की झुर्रियों में तजुर्बात ले
चलते देखा था कभी तुम्हें
यह न सोचा था यह दिन हमपे भी आएगा
हम जमाने को देखते थे - अब जमाना हमें देखता रह जाएगा!

हार के तन छोड़ देना - आत्महत्या है
सम्भल के न जीना भी - इसी का नाम है!

जवानी में अगर अपने से आंख मिला लेते
आज भीड़ में इतने भी अकेले न होते!

हर शख्स हम पे - मुस्कुराने लगा है
मज़ा हमें भी अपने पे, हंस के आने लगा है!

❍

कुछ खंजर और चलाओ - रूह अभी जिंदा है

कुछ खंजर और चलाओ - रूह अभी जिंदा है
कुछ गम और ले आयो - रूह अभी जिंदा है
कुछ दुश्मनी और बढ़ाओ - रूह अभी जिंदा है
पत्थर-तलवार, लाठी बरसाओ - रूह अभी जिंदा है!

नफरत खत्म हो गई कुछ उधार लायो - रूह अभी जिंदा है
मेरे खामोश होने तक , मत खामोश हो जाओ - रूह अभी जिंदा है
प्यार पाना है तो मेरे पास आओ - रूह अभी जिंदा है
गम सताये तो हमें बताओ - रूह अभी जिंदा है!

अंधेरों से निकलना है तो हमें बताओ - रूह अभी जिंदा है
लम्हों में सदियाँ जीनी है तो पास आओ - रूह अभी जिंदा है!

तजुर्बात की इमारत - इक उम्र के बाद ही बनती है
जिसने चलना सीखा ही था - वो दौड़ने का हुनर समझाने लगा है
हर इल्ज़ाम हम पे लगाओ - रूह अभी जिंदा है!

❍

मेरा बच्चा तरक्की से मिलने घर से बहुत दूर जा रहा है

मेरा बच्चा तरक्की से मिलने, घर से बहुत दूर जा रहा है
हमें भी बुढ़ापा - पिंजरे में छटपटाता नज़र आ रहा है!

तरक्की के नाम पर - दायरा सुकड़ता जा रहा है
निकला था मेरे घर बरसने - कहीं और बसरता जा रहा है!

बाग मेरे घर का - बड़ी उम्मीदों से महकाया था मैंने
हर शाख में पतझड़ नज़र आ रहा है!

कदर अपनी बनाने में हमने - उम्र गुजार दी
नई सोच उसे - बेकार सब बता रही है!

बदलेगी दुनिया - इतना तो इल्म था हमें भी
मेरा बच्चा आज - मेरी हंसी उड़ा रहा है!

बन्द कमरा है और सोने की थाली
रोटी की उम्मीद - पेट भरा जा रहा है!

जमीन पर चलना सिखा रहे थे जिसे
वे आसमानों की बुलन्दी हमें समझा रहा है!

अपने घर वापस चले आओ रमेश
सामान घर का खत्म हुआ जा रहा है!

❍

मुक्तसर सही- पर मुक्कमल है

मुक्तसर सही- पर मुक्कमल है
ऐ खुदा - तेरे घर में मेरा घर है!

कुछ गम आंखों से बह तो गये है
चोट और खाना चाहते है - तेरी जुदाई से पहले!

खुशियों का परचम - गमों को लपेटे हुए है
तलवार ने तेरे हौसले की रंगत देखी कहाँ है!

खुदा को भी अपनी पहचान का डर सताने लगा है
जब से आदमी इंसान बनता नज़र आने लगा है!

मैंने घर में आसमां बना रखा है
मैंने अपने को शहनशाह बना रखा है
यह प्यार कैसा जो फकीरी तक ले आया
दिल कम्बख्त ने तुम्हें - मसीहा बना रखा है!

❍

मेरे शेर अब उन्हें समझ आने लगे हैं

मेरे शेर अब उन्हें समझ आने लगे हैं
उम्र जो गुजारी , दिल से निकलने से पहले

फिर से तेरी वफा का इज़हार - मेरी जान न ले ले!
तेरी बेवफाई में - बड़ी मुश्किल से दिल ने धड़कना माना था!

जमाना बदल गया
शर्म हया का पानी सूख जाने लगा है
मजनू भी अपनी दिवानगी से घबराने लगा है!

हर आदमी में छुपा शख्स नजर आने लगा है
जब से अपने से वो - आँख मिलाने लगा है!

छोटी गागर-समुद्र पी जाने की खातिर

छोटी गागर-समुद्र पी जाने की खातिर बहुत दौड़ लगाई है
सबकी क्षमता आंक रही है - अपनी बता न पाई है!
अनचाहे अनजाने शहर में - देव लोक से आई है
आईना बनी सब देख रहे इसको - खुद को देख न पाई है!

सागर, अकाश लांघे इसने – हवा संग बूँद जो आई है
अपने को पहचान सकी न – किसे ढूँढने आई है
तेज हवा संग चली टकराने – कहाँ सम्भल पाई है
हिमालय कैसे खड़ा हुआ है उससे आन टकराई है!

कागज की किश्ती दरिया में बहती- कैसी नाव बनाई है
इस पार को तो जान सकी न - उस पार की आस जगाई है
ऐसे जीवन की चलती नौकाऐं - आपस में आन टकराई है
छोटी से कटोरी में देखो - कितना अहम भर लाई है।

परम की रचना परम ही जाने - खुद को न देखा,
किसे खोजने आई है
औरों को हंसता देख इसने - अपनी हंसी गवाई है
छोटी सी काया मेरी - माया समझ न पाई है
आँख-मिचौली में जीवन की - जीवन काटने आई है!

○

खलल है खयालात में

खलल है खयालात में
ख्वाहिशें अभी जिंदा हैं
कोशिश बहुत की हमने
यह कभी खत्म नहीं होती!

पत्थरों को सजा-सजा के
घर तो बना रहे हो तुम
न दिल ही धड़केगा और
न जजबात जिंदा होंगे!

साधु ते सन्त मिले
समझो मिले भगवन्त
दोनों के मिले बिना
न शुरू न ही अन्त!

अपने हालात से वाकिफ हूँ
रोज आईना तोड़ देता हूँ मैं
तेरी नजर में जीने के लिए
शुक्रिया तेरी बेवफाई का
आईना फिर दिखा दिया!

खलल है खयालात में
ख्वाहिशें अभी जिंदा हैं
कोशिश बहुत की हमने
यह कभी खत्म नहीं होती!

❍

आज भी किसी का इंतजार है

आज भी किसी का इंतजार है
गुजरी हुई जिंदगी से प्यार है
थक के बिखर गऐ गहरे रिश्ते
टूटती सांसों को उन्हीं पर ऐतबार है।

समुद्र गहरा तो है पर मुक्कमल नहीं
उठती लहरों ने हमें बता ही दिया
चाँदनी देखते ही उछलने लगता है
उसे भी चाँद मिलने का इंतजार है!

एहसास जगायेंगे नहीं तो जानेंगे कैसे
इंसान भगवान को भी पहचानेंगे कैसे
हवा जिंदगी चला रही है तो क्या
उसके ठहरने तक उसको मानेंगे कैसे!

सुना है तुम कण-कण में बसे हो
दर्द देखे बिना, तुम्हें मानता नहीं
बिना शोर के संसार चल रहा है
अहम गहरा है, पहचानता ही नहीं!

किसी के कंधे पर लेटे देखा खुद को
वक्त गुजर गया, जमाना बता रहा है
कोई बक्श दे मेरी हर खता को
हमें भी खुदा, याद आ रहा है!

पराये शहर को अपना बता रहा था मैं
अपना शहर तो भूलता जा रहा है था मैं
नजर अपने से मिलाता तो मिल जाता तू
सारी उम्र आईना देखने से आदमी घबरा रहा है !

❍

अपनी सांसें तो कुछ पल थी!

औरों को समझने में
उम्र गुजर जाती है
आती तो है अपनी याद
पर बहुत देर हो जाती है!

रहमत तेरी आंखों से निकली
दिल को छलनी करके छलकी
उम्र बिता दी, औरों की याद में
अपनी सांसें तो कुछ पल थी!

दुनिया की रिवायतें निभाते रहे हम
कुछ सुनते, कुछ सुनाते रहे हम
कुछ अपना, कुछ उनका कर्ज था
सारी उम्र चुकाते रहे हम!

समुद्र को देख खुश हो रहे हो
कतरा-कतरा जुटाते रहे हम
जिस शहर को देख खुश हो रहे हो
सारी उम्र उसे बनाते रहे हम!

आईना भी आज मुस्कुरा रहा है
ता उम्र सबको दिखाते रहे हम
अपना चेहरा देखे फुर्सत कहाँ
ऐसे आईना घुमाते रहे हम!

आज न हार है न जीत है

आज न हार है न जीत है
अद्भुत तरंगों का तन में संचार है
उपहार पर भी मन-शान्त मूक है
अन्न भी तेरा-तेरी ही तो भूख है
आज ...!

मेरी आत्मा मुझे ही जाने
छुपे अन्तःकरण को पहचाने
कौन सुने वचन अब तेरे
कहाँ कुछ पाने की भूख है!
आज ...!

मानव जीवन का सूरज
कहाँ उगता-कहाँ डूब जाता है
अनोखे मायाचक्र को तोड़े
मानव में कैसी भूख है
आज ...!

जन्म-मृत्यु दो शब्द हैं बनाए
दोनों अपने में ही हैं समाए
कौन कैसे पाप धोएगा
पुण्य तो खड़ा मूक है
आज ...!

समझे कौन रमेश मेरी रचना को
साक्षी भाव जो है छूटा
शान्त सागर की अशान्त बूंदे देखीं
रचनाकार हँस रहा, बाकि सब मूक हैं
आज ...!

○

यह आसमानी फरिश्ते

यह आसमानी फरिश्ते
यह जमीं पे रिश्ते
यह लोगों का कारवाँ
यह मौसम का यूँ बदलना!

यह जिंदगी का दौड़ना
यह प्यार की महक
यह दोस्तों की दोस्ती
उस पर वतन परस्ती!

यह माँ की ममता
यह जहाँ की खुशी
यह शौहरत यह रौनकें
सांसों का यू निकलना!

यह आसमान से उतरना
यह आसमानों पे चलना
यह रूठना यह मनाना
उस पर हंसना-हंसाना

यह समतल यह दल-दल
यह तन का यूँ संभलना
यह चिड़ियों का चहचहाना
उस पर फूलों का मुस्कुराना!

यह रूठना यह मनाना
यह सुकून का बहाना
यह सब दे तो दिया
उस पर अब चल के दिखा!

उस पर अब चल के दिखा
बस तू अपना फर्ज निभा!

❍

रब बंदे दी जात है इको

रब बंदे दी जात है इको
मिल दोनों ने दुनिया बनाई
तू भी रब में भी रब
अजे भी गल समझ न आई!

पंज छोड़े ज़द दौड़न लग गऐ
रोकन दी सूरत न पाई
उस तो, अपने तो भी दूर हो चलया
कैसी बंदेआ तू किती कमाई!

की सोच बंदेया तू जात बनाई
तेरी तैनू भी समझ न आई
पैरा विच बिठा किसे नू छोटा बनावें
गद्दी बिठा किसे दा अहंकार बढ़ावें!

रब ने इंसान बना की किती कमाई
रब दी जात पुछन लग पे
अपनी भूलदे देर न लगाई
अजे भी बंदेआ समझ न आई!

सूरज-चंद, तारे सजाये
मिल दोना ने मानव बनाऐ
पंज राक्षस घेर के ले गए
की किती बंदेआ ऐथो कमाई!

अज क्यों उदास बैठा ऐ
चल मिल करिऐ नेक कमाई
तू भी रब मैं भी रब
अजे भी तनू समझ न आई।
रब बंदे दी जात है इको !

❍

शहनशाह

प्यार की बरसात है
जरा बाहर तो आयो
जिस्म भिगोऐ दुनिया देखी
रूह आज भिगोने आयो !

मेरा-मेरा करके रोया
उसको भी मैंने खोया
अपनी सांई लाज बचाओ
पानी लेकर दीप जलाओ !

शहनशाह वही कहलाया है
जिसने सब लुटाया है
दौलत संजोए गरीब बना
यह समझ न पाया है!

मेरे देश की आत्मा देखो
कण-कण राम समाए
बाहर सब दौड़े देखो
खाली हाथ अब पछताए!

अपना चेहरा देखा नहीं
आईना रहे सब दिखाऐ

देखा आईना देर हुई
क्या होगा अब पछताए !

खुद को मिलके देखो
खुदा रहा है मुस्कुराए
वर्षों वर्ष दौड़ में
ब्रह्माण्ड भी छुटा जाए!

मेरा तो जाना नहीं
मैं की रट लगाए
बिन पतवार कश्ती देखो
पानी बहा ले जाए!

आत्मा को देखे बिना
परमात्मा न मिल पाए
आत्मा अपने साथ है
कहाँ खोजने उसे जाए!

रमेश मुझको मैं मिला
सब जग लिया दिखाए
अपने से मिले बिना
मैं अहंकार ही बढ़ाए!

○

जिंदगी भी क्या चीज है दोस्तों

जिंदगी भी क्या चीज है दोस्तों
सारी उम्र उसे पालते ही रहे
जो हमारी कभी हुई ही नहीं!

कितनी शिद्दत से जी है हमने जिंदगी
हर अंधा हमें रास्ता दिखाने लगा है

यह रूह का दर्द है
जो आंखों से छलक आया है
तेरी तंग दिल्ली हमने देखी
तुम इसे जिस्म के जज्बात समझती रही

देखो गरीब का आंसू है धरती ना छू जाए
वरना भूचाल आने में देर न लगेगी

मैं हर जख्म की दवा अपने साथ लेकर चलता हूं
उम्मीद ही है जो उनके जख्म भरने लगती है!

खुद तो समझे नहीं हमें समझा रहे हैं
सारे राज तेरे यूं दुनिया को बता रहे हैं!

अपने को तो ताउम्र देखा पर जान ना सके
तुम्हें देखे बिना पहचानने का दावा करने लगे!

अपनों ने इतना हक जमा रखा है हम पर
न अपने पास न तेरे पास रहने दिया!

❍

यह आसमानों से उतरे फरिश्ते

यह आसमानों से उतरे फरिश्ते
यह जमीन पर बनते रिश्ते
यह चांद का फिर चम चमाना
यह समुंदर का यूं उछल जाना
यह आसमानों से उतरे फरिश्ते

यह जमीन का यूं चलना
यह हवा का यूं मचलना
यह पहाड़ों की ऊंची चोटियों
यह बर्फ का यूं पिघलना
यह आसमानों से उतरे फरिश्ते

यह इंसानों का बदलता काफिला
यह जमीन पर घर बनाना
यह फूलों का यूं महक जाना
यह धरती का रोटी उगाना
यह आसमानों से उतरे फरिश्ते

यह हंसना यह रूठना मनाना
यह रिश्तों का बनाना और निभाना
यह नाम, शोहरत और फतवे
यह एहसास इस जिंदगी का
यह आसमानों से उतरे फरिश्ते

यह दौलत यह हकीकी रिश्ते
यह आदमी बनते हैं फरिश्ते

यह मां का प्यार बरसाना
यह इंसानों को अपना बनाना
यह आसमानों से उतरे फरिश्ते

यह लहरों का यूं मचलना
यह झरनों का यूं उछलना
यह ऊंचे नीचे यह टीले
यह समतल और पथरीले
यह आसमानों से उतरे फरिश्ते

यह रूप आदमी का यूं
यह निशान बने हथेलियों के
यह वक्त का दौड़ते जाना
यह सब का यूं मुस्कुराना
यह आसमानों से उतरे फरिश्ते

यह सब दे तो दिया
यह सब उसका ही किया
यह सब मुझे है मिला
पर मुझे उस से फिर भी गिला
यह आसमानों से उतरे फरिश्ते

यह भी मैं समझा नहीं
यह भी मैं जाना नहीं
उसने मुझे अपना सब दिया
उसी को तो पहचाना नहीं
यह आसमानों से उतरे फरिश्ते।

❍

आजादी के नारों से

आजादी के नारों से
आज़ादी की कीमत पूछो
शहीदों के परिवारों से
आज नभ मंडल गूंजे
आजादी के नारों से।

हंसते फांसी पर झूले
पूछो चांद सितारों से
मां कहकर धरती को पूजा
मुक्त किया गद्दारों से
आज नभ मंडल गूंजे
आजादी के नारों से।

जीवन से भी बड़ा कोई है
बतलाया मौत के जयकारों से
कर्ज़ चुका सकते हो उनका
मुक्ति किया गद्दारों से
आज नभ मंडल गूंजे
आजादी के नारों से।

मां की तुम रक्षा कर लो
त्याग तपस्या संस्कारों से
दुश्मन जो मां का आंचल छू ले

हाथ काटो तलवारों से
आज नभ मंडल गूंजे
आजादी के नारों से।

रिक्त संसार नहीं हुआ है
मां के उन दुलारों से
अभी स्वाभिमान जिंदा है
दीवारों में चुने प्यारों से
आज नभ मंडल गूंजे
आजादी के नारों से।

मन को तुम आजाद करो
प्रलोभन के अंगारों से
विषधर बन विष पी लो
मुक्त करो गद्दारों से
आज नभ मंडल गूंजे
आजादी के नारों से।

अभी भी कश्मीर गूंज रहा था
दुश्मन के ही नारों से
अभी-अभी आजाद हुआ है
घर में छुपे गद्दारों से
आज नभ मंडल गूंजे
आजादी के नारों से।

❍

यादें

जब तक जिंदा है
हर पल आती है
बहुत कोशिश कर ली
कहां ठहर पाती है!

जागते बहुत सताती है
कैसे मुझसे लिपट जाती है
सोने भी नहीं देती
सपनों में जगाती है!

पानी शांत जब भी होता
पत्थर मार हिलाती है
अपने पास रुकने लगता हूं
हर सांस में दौड़ आती है!

बचपन खो चुका मेरा
याद बहुत दिलाती है
अब खुलकर हंसे कैसे
आंखों में छलक जाती है!

जवानी में भागा करता
हर रात यादों में जागा करता
जो नहीं मेरा होगा
उसे पाने को ललचाती हैं!

हमेशा जब मैं सो रहा हूं
यादें तब सो पाती हैं
मेरे दोस्तों के प्यार के
किस्से मुझको सुनाती है!

जिंदगी से लंबी सड़क पर, रमेश ...

जिंदगी से लंबी सड़क पर, रमेश
दौड़ हर आदमी लगाने लगा है
अपने पे हंस लेता तो अच्छा था
लुत्फ दूसरों का हंसकर उठाने लगा है
जिंदगी से लंबी सड़क पर, रमेश ....

पांव में खुद बांध बेड़ियां अपने
हाथ दुआ मांगने उठाने लगा है
दौड़ना चाहता है वह सबसे आगे
कैसी पहचान बनाने लगा है
जिंदगी से लंबी सड़क पर, रमेश ....

सब कुछ कर तो सकता है मगर
यह कैसी बेबसी दिखाने लगा है
हुंकार से जो जमाने को चलाता था कभी
अपने कदमों के निशान खोजने जाने लगा है
जिंदगी से लंबी सड़क पर, रमेश ...

बूंद भी तू है समुद्र भी तू
हवा संग उड़ा तो बरसेगा भी तू
क्यों किसी के कहे घबराने लगा है

अपनी पहचान खुद से छुपाने लगा है
जिंदगी से लंबी सड़क पर, रमेश ...

प्यार है प्यार, तू याद तो कर
क्यों ताकत अपनी, भूल जाने लगा है
अपने लिए जी के परेशान हो चला
मजा औरों के लिए जीने में, आने लगा है
जिंदगी से लंबी सड़क पर, रमेश ...

बना है रब तो सब कुछ लुटा
अपनी दुनिया का कुछ लुत्फ उठा
सफर पर निकला है तो चलता जा
हवा का क्यों महल बनाने लगा है
जिंदगी से लंबी सड़क पर, रमेश ...

दोस्तों, साथी कभी पुराने नहीं होते
मिलते कम है मगर, बिछड़े जमाने नहीं होते
मिलते ही बचपन, दौड़ के चला आता है
फिर वह जवानी के किस्से सुनाता है
जिंदगी से लंबी सड़क पर, रमेश ...

❍

आज ख़ुद हवा हो गए

मुख्तसर सी कहानी है
हर शख़्श ख़ुद पर फ़ानी है
वक़्त के हाकीम की परवाह नहीं
हम पर भी चढ़ती जवानी है!

मेरे वतन या इंसानियत की बात हो
हम सारे गिले शिकवे-भुला दिया करते हैं
वक़्त ने अगर मांगा लहू तो
जान तक भी लुटा दिया करते हैं!

मेरा घर, यह शहर, कोई छोड़ कर जाने को है
इंसानों की बस्ती में मैंने, घर जो बना लिया!

गुमान बहुत था उनको अपने पर
अब वह इतिहास हो गए हैं
हवा का रुख़ मोड़ देते थे वह
आज ख़ुद - हवा हो गए हैं!

❍

ज़िन्दगी कहाँ ले आई हमें

आदमी घबरा सा गया है अपनी परछाई से
मुद्दत के बाद अंधेरों से निकले थे वह!

मैं अपनी ज़िंदगी जी लेता तो बात बनती
औरों की ज़िंदगी जीये जा रहा हूं!

तेरी कुछ चाहत पाने को, सब कुछ लुटा दिया हमने
हम क्या समझते रहे, तुम क्या समझते रहे!

तुम्हें समझता हूं, फिर भी, तेरे साथ चल दिया करता हूं
ज़मीर मार के, जीने की आदत सी हो गई है!

ज़िंदगी कहां ले आई हमें
ज़िंदा रहने की क़ीमत चुकानी पड़ती है !

कश्ती ज़िंदगी है- किनारे मत तलाश कर
रवानगी में कभी, रूह की मौत नहीं होती!

तेरी चाहत, का असर देखा हमने
लहरों ने डुबोने की कोशिश कम न की!

तेरी चाहत में कुछ चाहत कम होगी
वरना मझधार में से, यूं ही न निकल आते हम!

हमारे हौसले ने जीना सिखा दिया
दुश्वारियां बहुत लोगों को डुबा देती हैं!

आईना थे आईना ही बने रहे

ख़ुद को देखने और समझने
कई बार ज़मीन तक चले आए
आईना थे आईना ही बने रहे
सब ने देखा ख़ुद को न देख पाए!

प्रश्न आसान था और नहीं भी
सदी सुलझाने की बना रखी थी
नज़र कहीं आता नहीं तू
कण-कण में बसने की, बात बता रखी थी!

तमाशा दुनिया ने हमें समझ लिया
उनको पाने के लिए हमने, क्या-क्या न किया
ख़ुद को समझते, तो ख़ुदा पा लेते हम
तुमको देखने का फर्ज़ निभा लेते हम!

तेरी कायनात में मैं कौन हूं पता नहीं
उलझा ऐसा के सुलझता ही नहीं
बिन समझे ही, जीये जा रहे थे हम
क्या बताएं कितना ग़म, पीये जा रहे थे हम!

आखिर हमने भी फ़ैसला कर ही लिया
हर घर तेरा पत्थरों से भर दिया
हज़ारों साल आदमी समझ न पाया है
मिलने तुमसे ज़मीन पर कई बार वो आया है!

○

दोष आईने पर लगाने लगे हैं

आवाज़ हलक से, जिनकी निकलती न थी
हर चौराहे पर वह चिल्लाने लगे हैं
दोस्त जो थकते नहीं थे, दोस्ती का दम भरते
दुश्मनों की तादाद में, सबसे आगे नज़र आने लगे हैं

हमने क़सम खा रखी है, उन्हें मंज़िल तक लाने की
उनकी ज़िद है हमें, रास्तों पर मिटाने की
प्यार से जो पाया हमने, वह नफ़रत लाने लगे हैं
अंधेरे में रहना सीख तो लिया उन्होंने,
अब सूरज को मिटाने लगे हैं

तुम्हें आदत हो गई है मंझधार में डूब जाने की
हमने क़सम खा रखी है किनारे तक लाने की
तूफ़ान अब आपस में टकराने लगे हैं
हमारे हौसले हमें, जीत तक लाने लगे हैं

जिस्म के सुंदर होने पर - ख़ुद पर मुस्कुराने लगे हैं
अंदर की बदसूरती का दोष - आईने पर लगाने लगे हैं।

सागर तो चुप हैं

सागर तो चुप है
नदी-नाले चिल्लाने लगे हैं
आसमान की हवाओं को
बूंदों का चोर बताने लगे हैं!

आसमान तो अपना
धर्म निभाने लगा है
कुछ बूंदों को लेकर
बरस जाने लगा है!

आसमान में ऊपर उड़ा था
धरती पर आने लगा है
बादल बना तो क्या बना
प्यास धरती की बुझाने लगा है!

धरती में छुपा लावा भी
कुछ उबाल खाने लगा है
अनजाने में बाहर आकर
बस्तियों को जलाने लगा है!

अनुभवी आंखें नम हों
कुछ मुस्कुराने लगी हैं
कुदरत के नियम को
आदमी को समझाने लगी हैं!

जो दिखा वो वैसा नहीं है
दर्पण समझाने लगा है
हम जिस्म पर मुस्कुराए
रूह में कोई उतर जाने लगा है!

❍

शहरों की ओर चलने लगे हैं

गांव कुछ आहिस्ता, कुछ तेज़
शहरों की ओर चलने लगे हैं
मेरे देश की आत्मा गांवों में बसती है
कहने वाले जो रहनुमां, बदलने लगे हैं!

कभी डूबे रहते थे सागर, जाम और मयख़ाने में
उनकी क़लम के बोल कुछ बदलने लगे हैं
अपना दर्द दूसरों से छोटा लगने लगा है
कुछ कर गुज़रने को नौजवान चलने लगा है!

रहनुमां कुछ अलग सोच के मिलने लगे हैं
उनके दिये दर्द को ले लोग चलने लगे हैं
रास्ते हमवार मेरे पहले भी कब थे
बिखरे फूल रास्ते में तासीर बदलने लगे हैं!

पत्थर, ईंट, लोहे से आदमी बनने लगे हैं
दर्दे-दिल न समझें, बिना दिल के चलने लगे हैं
उठो और कह दो ज़माना बदलने लगा है
ज़मीन पर चल नहीं पाते ठीक से,
मन उड़ने को मचलने लगा है!

सब रिश्तों में अब काग़ज़ ही रहा है बाकि
सोने-चांदी के सिक्के भी बदलने लगे हैं
प्यार अब भी गांव में बसता होगा
शहर भी रंग बदलने लगे है!

एक पल जीवन जीना है

एक पल जीवन जीना है
बरसों उसका इंतज़ार कैसा
बीत गया सो बीत गया
बीते कल से प्यार कैसा

आज उजाला आज अंधेरा
आने वाले पल का उपहार कैसा
अभी तो जी लूँ जी भर कर
जो मिला नहीं उससे सजता संसार कैसा!

इस पल को जी ले तू
अमृत हो या, ज़हर पी ले तू
उसकी रचना का साक्षी है तू
इससे फिर इंकार कैसा!

जीया नहीं जो इस पल में
वह क्या जी लेगा कल में
हज़ारों साल इस रचना को देखा
वर्तमान में अंधकार कैसा!

रचना अपनी स्वयं करता हूं
भाव विभोर हो उमड़ पड़ता हूं
मेरी रचना का एक ही पल है
फिर सदियों का इंतज़ार कैसा!

अच्छा हुआ जो समझा तुम्हें
सब होने से इनकार कैसा
माया तेरी ही क्या है
इससे इतना प्यार कैसा!

प्यार न मिल जाए

दूसरों को आगे बढ़ता देख के
तन-मन जलता जाए
अग्नि ही सबसे भली
जला दोनों की प्यास बुझाए!

पंख लगा औरों के
आकाश उड़ता जाए
एक समय बिना पंख के
सृष्टि लांघ ही जाए!

प्यार-प्यार पुकारता रहा
प्यार न मिल पाए
जैसे बांटन वह चला
प्यार दौड़ा आए!

अहंकार मेरा ऐसा बढ़ा
हिमालय से जा टकराए
आईना देखन, मैं चला
मुझसे भागा जाए!

हाथ पसारे मांगन लगा
भीख न मिल पाए
मुट्ठी बंद कर देख ली
सब दौड़े आए!

राम-राम कहते रहे
रावण ही मिल पाए
राम ख़ुद बने बिना
राम न दिख पाए!

○

मेरी आवाज़

हम देख रहे तमाशा रमेश
अपनी ही ज़िंदगी का
कुछ टूटे सितारे की तरह
चमक फिर भी है मुझमें
पहाड़ सर उठा कर ज़िंदा
मेरी कहानी बयान कर रहे

आसमान न आंसू बहा दे
प्यार जो इतना हमने किया
दुनिया तेरी रिवायत निभाते रहे
संसार जो हमने जीया
सबको साथ लेकर चलने का
सफ़र जो हमने किया!

मुझे मेरे हाल पर रहने दो
हक़ मांगने की आदत नहीं
जो कह रहे उन्हें कहने दो
बहा जाने दो कश्ती किनारे तक
बस निशान मेरे तुम रहने दो
प्यार तो हमने किया, बस चुप रहने दो!

मेरे अल्फ़ाज़ का मतलब क्या है
जो समझे उसे ही रहने दो
मैं दिल की ज़ुबान बोल रहा हूं
मुझे जो ठीक लगे कहने दो
समझे ज़माना या न सही
मुझे मेरी हदों में रहने दो!

मैं जीता रहा कुछ इस तरह से
अब मुझे मेरी कुछ कहने दो
तुम हर बात अपनी ही करते रहे
अब चुप हो, मुझे अपनी कहने दो
वह तो सब समझा देगा तुम्हें
हम बह रहे हैं बहने दो!

❍

शेर

मेरी तक़दीर इतनी भी अच्छी नहीं
कि हर राज़ तुम्हें बता पाएं
आंसू मत पोंछ लेना जब मुद्दत बाद हम आएं

मेरे कुछ राज़ मेरे साथ दफ़न हो जाएंगे
तुम बाद में भी प्यार से सहलाओगे जख्म
गहरे बहुत हैं कुछ उभर आएंगे

हमारी याद में जब भी मुस्कुराओगे
समझ लेना कुछ तो ग़म छुपाओगे

मेरी यादों को अपने पास रहने दो
अकेले में यही तो साथ निभाएगी

ज़िंदगी आसमानों से उतरी उसी ओर चली जाएगी
मत कहा करो कि मौत आएगी

मुझे अपनों ने अपने से मिलने न दिया
डरते ही रहेंगे उनकी फ़ितरत न पहचान लूँ

कुछ बात है जो प्यार ज़्यादा दिखाने लगे हो
कुछ मुश्किल है, जो मेरे पास आने लगे हो

कुछ तो बात है जो तारीफ़ मेरी करने लगे हो
वरना मिलते भी हो तो बहाने बना-बना

अपने पास रहना सीख लिया हमने
रब जो अपने में देख लिया मैंने

लफ़्ज़ों के जाल में स्वर्ग दिखाने लगे
हमने पूछ लिया नर्क से कब आए हो?

इतनी भी सस्ती कहां हुई हमारी चाहत
जो तेरे जैसे भी पाने की उम्मीद करने लगे

हवाओं का रुख़ जान के क्या करोगे
यह सांस ही है, ज़िंदगी चला रही।

आओ कविता में समझाने लगे हैं

आओ कविता में समझाने लगे हैं
कवि हृदय अब सुनाने लगे हैं
जिस को तुम छोटा समझ छोड़ आए थे
उन सबको मस्तक पर बिठाने लगे हैं !

सबकी कुछ न कुछ क़ीमत तू लगाने लगा है
बस अपनी क़ीमत भूल जाने लगा है
सूरज की किरणों की क़ीमत, आंक लेता तू
पूछ तो रहा हूं सांस की क़ीमत क्या चुकाने लगा है!

उसके दिये को अपना कह कर सजाने लगा है
सुंदरता के अहंकार में आज डूब जाने लगा है
बता दो तेरा क्या है किसे अपना बताने लगा है
अपना पता नहीं, दूसरों को समझाने लगा है!

अपनी मर्ज़ी से एक क़दम चल नहीं पाता
दूसरों को ज़िंदगी में दौड़ना सिखाने लगा है
ज़मीन पर उसे देखा नहीं आसमानों के राज़ सुनाने लगा है
आदमी को आदमी समझ लेता तू भगवान बन जाने लगा है!

सदियों में आदमी ज़मीन पर बार-बार आया है
रोकने की कोशिश बहुत की पर रुक न पाया है
तू आज फिर ज़मीन पर बड़ा घर बनाने लगा है
खंडहर तेरी कहानी कह रहे, भूल जाने लगा है!

○

अपने अंतर की ज्वाला

हिंदुस्तान का परचम
सदियों से लहराया है
तुम झरनों से परेशान हो
यह सागर लाँघ के आया है!

बहुत कूदने लगे हो तुम
नारा एक जो लगाया है
वह अब भी मौन है जो
काले पानी रह के आया है!

वीरांगनाओं ने भी देखो
क्या जौहर दिखाया है
जलती चिता में जलकर
अपना धर्म निभाया है!

कुछ नारे और भाषण
राष्ट्र बना न पाएंगे
अनगिनत शीश चढ़े हैं देखो
तो झंडे फहराएंगे!

मेरी मां बोल रही है
त्याग बेटों का तोल रही है
कितने प्राण और देकर
रक्षा उसकी कर पाए!

हर क़दम अपना सोचो
क्या प्रेम निभाते हो
राष्ट्रप्रेम की परिभाषा
किसको तुम समझाते हो

इतिहास अब बोल रहा है
सारे भेद खोल रहा है
अपना तुम आंकलन कर लो
कितना त्याग कर पाते हो!

विश्व गुरु बनने की दोहराते हो।
क्या मोल तुम चुकाते हो?
अपने अंतर की ज्वाला
कैसे तुम सुलगाते हो।

ख़ुद से ख़ुद को छुपाए रखा है

उसने भेजा जाकर दुनिया देख आ
कैसी बनाई है उसने आकर बता
मैंने पत्थरों के मज़बूत घर बना लिए
हमेशा रुके रहने के सामान सजा लिए!

अब छोड़ने को मन नहीं करता
उसके पास क्या मुंह लेकर जाऊंगा
क्या-क्या देख चला हूं कैसे बताऊंगा
ज़मीन पर ख़ुद को छोड़,
कैसे उस से आंख मिलाऊंगा!

कैसी नगरी उसने बसा रखी है
क्यों रुकने की मोहलत बता रखी है
कुछ हमें भी उसकी आदत समझ न आई
क्यों ज़मी पर रुके रहने की चाहत बनाई!

कुछ सिक्कों से सबने प्यार बना लिया है
तुम्हें क्या याद करते ख़ुद को भुला लिया है
आदमी की आदमी पे राज करने की
कैसी आदत अपनाई, यह दुनिया तूने बनाई!

कुछ ने उसकी दुनिया को बांट के लुत्फ़ उठाया
कुछ ने धर्म मेरा सबसे बड़ा कहते पाया
जिक्र जब भी ऊपर वाले तेरा आया
हर बार मांगने के लिये हाथ उठाया!

कुछ ने मिथ्या समझ विराग था अपनाया
कुछ ने दूसरों के दर्द सहलाकर आराम पाया
किसी ने जब न देखा आंखों से तुम्हें कभी
अपने आपको सब का ख़ुदा बताया!

कुछ ने अपने तन को इतना सजा लिया
ता- उम्र रुके रहने का सामान बना लिया
कोई प्यार के लिये तड़पता पाया
मां ही देखी ऐसी जिसने प्यार मन से बरसाया!

तू भी तो भेस बदल कर कई बार था आया
मानव को मानवता का पाठ था पढ़ाया
यह कैसा संसार तूने बना रखा है
ख़ुद को ख़ुद से ही छुपा रखा है!

❍

आदमी कितना बदलता जा रहा है

मेरे शहर का नौजवान
नशे में ऐसे डूबा जा रहा है
अपने ही कंधों पर देखो वो
अपनी लाश उठा रहा है

कितनी मन्नतों से पाया उसे
कुदरत ने भी मानव बनाया उसे
कितने प्यार से प्यार मिटा रहा है
आदमी कितना बदलता जा रहा है

ख़ुशी कैसी पाने चला है
ख़ुद अपने से घबरा रहा है
न अपनी क़दर न औरों की
ऐसे नशे में मुस्कुरा रहा है

ऊपर वह भी हंसता जा रहा है
यह नौजवान क्या करता जा रहा है
अभी-अभी तो जीना सीखा इसने
किसलिये ख़ुद को मिटा रहा है

मां आँसू लिये चुपचाप खड़ी है
यह कैसी अपनी हालत बना रहा है
मेरी कोख क्यों बांझ न हो गई
शर्मसार हूं, मां का दिल बता रहा है।

○

शेर

ज़िंदगी तो सफ़र करती रही
यह ख़्वाहिशें ही थीं, जो रुक-रुक के बदलती रही

अपने पास रह के सब पा लिया मैंने
तुमसे मिले क्या, अपने को गंवा लिया मैंने

पानी कम क्या हुआ बहुत मचलने लगा
हम छोटे क्या हुए प्यार नजरें बदलने लगा

अपने पास न रुके, न प्यार देख पाए
तलाश में इसकी हम दूर निकल आए

लफ़्ज़ों में मत उलझाया कर ज़िंदगी
प्यार सहज में मिलता है समझ जाया कर ज़िंदगी

हंस ले और दीवानगी में ज़िंदगी बिता
यह महफ़िल तेरी ज़िंदादिली की है मत भूल जा

दूसरों को देखते क्यों ज़िंदगी गुज़ार दी
न सांसें अपनी बनी, ज़िंदगी भी उधार थी

आंखों को काले चश्मे से ढका करो
यह दिल की ज़ुबान बोलने लगी है

कयामत के पहले भी और कयामत के बाद
प्यार चाहिये
इसलिये हर जनाजे में शामिल हो रहा हूं मैं

प्यार सिक्कों से तोलने लगे हो तुम
मोम है उसकी गर्मी से पिघल जाएगा

बेमानी, बेकार, बदनाम सी हो चली शहर में ज़िंदगी
अब गांव में सुकून तलाशने चल पड़े हैं लोग

औरों के लिये जीकर तो देखो
मक़सद भी अपने आप मिल जाएगा।

दिन वो भी नहीं रहे, दिन यह भी न रहेंगे

दिन वो भी नहीं रहे, दिन यह भी न रहेंगे,

सूरज उगेगा उजाला तो होगा,
अंधेरा तब भी न रुका
अंधेरा अब भी न रुकेगा
दिन वो भी नहीं रहे, दिन यह भी न रहेंगे।

मौसम से परेशान हो चले
मौसम वो भी नहीं रहा
मौसम यह भी न रहेगा
दिन वो भी नहीं रहे, दिन यह भी न रहेंगे।

खलल तो है ख्यालात में
खलल तब भी नहीं रहा
खलल अब भी न रहेगा
दिन वो भी नहीं रहे, दिन यह भी न रहेंगे।

हर गुज़रा ज़माना याद है
वक्त तब भी नहीं रुका
वक्त अब भी न रुकेगा
दिन वो भी नहीं रहे, दिन यह भी न रहेंगे।

पैसे से बहुत प्यार है
पैसा तब भी नहीं रुका
पैसा अब भी न रुकेगा
दिन वो भी नहीं रहे, दिन यह भी न रहेंगे।

ख्वाब देखे खुली आँखों से
पूरे उनके भी नहीं हुए
पूरे अपने भी न होंगे
दिन वो भी नहीं रहे, दिन यह भी न रहेंगे।

शोहरत रुतवे है सारे अपने
हमेशा तब भी नहीं रहे
हमेशा अब भी न रहेंगे
दिन वो भी नहीं रहे, दिन यह भी न रहेंगे।

❍

लाख कोशिश की उन्होंने कि मैं बिखर जाऊँ

लाख कोशिश की उन्होंने कि मैं बिखर जाऊँ
बिखर वो गए जिन्होंने सोचा कि मैं बिखर जाऊँ।

उन्हें मालूम न था हम तूफानों में हैं पले
दुश्मन कहाँ चाहते थे कि मैं ओर निखर जाऊँ।

अंधेरे अपने घोंसले में वापिस चल ही दिए
समझ चुके थे रोशनी होगी वहाँ, मैं जिधर जाऊँ।

अपनी ताकत के गरूर में चुनौती दे बैठे हमें
उनको मालूम न था मैं हर मुश्किल से निकल जाऊँ।

अनजान थे वो मौत से डराते रहे हमें
उन्हें मालूम न था लौट के मैं फिर आऊँ।

हमारे दम से है रौनक इस महफिल में
देखने को तरसेंगे लोग, अगर मैं निकल जाऊँ।

जीत का परचंम सदियों लहराता ही रहेगा वहां
वो सोचते थे मैं हार के डर से डर जाऊँ।

आसमान भी झुका रहता है हमारी खातिर
जिंदगी मुस्कुराने लगती है, मैं जिधर जाऊँ।

हम तो डूबने की खातिर गहरे में उतर गए
वो समुद्र ही होगा, जो किनारे पे ले आया।

इक शक्स है जो मुझ में बोलता और खामोश हो जाता है
वही तो हर तोड़ पर मुझे आईना दिखता है।

रमेश उसे नज़र अंदाज करके निकल जाता है
उसकी ही दरियादिली है के हर मोड़ पर फिर मिल जाता है।

आवाज़ उसकी सुनते, तो खुद की न तलाशते हम
वही शख्स मुझे मेरे गरूर से बचाता है।

आवाज़ हर कदम पर वो लगाए चला जाता है
दुनिया तो जीत लेगा, पर उसी से घबरा जाता है।

कोई तो है रूह बनके सबको जगा रहा है
वही तो है सुनो तो खुदा नज़र आता है।

हमने भी उसे मार के जीना सीख लिया है
हर शख्स हमें कातिल नजर आता है।

अब अपनी भी नहीं सुनता कोई रमेश
कोई चोर है के दौड़ता ही चला जाता है।

शेर

इक शख्स है जो मुझ में बोलता और खामोश हो जाता है
वही तो हर मोड पर हमें आईना दिखा जाता है
रमेश नज़र अंदाज करके उसे चले जाता है
उसकी दरियादिली है हर मोड़ पर फिर नज़र आता है।

आवाज़ उसकी सुनते तो न तलाशते खुदा को हम
वही शख्स हर बार मेरी ही हंसी उड़ाता है
रमेश हम अच्छे हैं या बुरे पता न हो हमें
वही शख्स है जो हर बुराई से हमें बचाता है।

उसकी नहीं सुनते अक्सर उदास हो जाता है
हर सांस के साथ फिर से हमें जगाता है
अंधेरा जब भी डराने लगता है हमें
हर बार सूरज बनके वो निकल आता है।

अपने को मत मारो - जीत के जी लो तुम
हमें तो हर शख्स यहाँ कातिल नज़र आता है
रमेश वफ़ा तब भी वो करता है हमसे
आदमी जब भी अपनी सरहद से गुजर से जाता है।
जिंदगी किस मोड पर ले आई आज हमें

जिंदगी किस मोड पर ले आई आज हमें
हर सांस से पहले कीमत चुकानी पड़ती है
जहाँ चाहा हम उसी तरफ दौड़ते थे अकेले
अब दवा भी अपने साथ उठानी पड़ती है।

डरते रहते हैं अपने, कहीं मौत न मिल जाए
जिंदगी अब बचा-बचा के चलानी पड़ती है
रमेश दुआ हमेशा औरों के लिए मांगता था
आज हाथ उठा दुआ अपने लिए भी मांगनी पड़ती हैं

हम खेत में जो चाहा उगा दिया करते थे
अब ज़मीन अपने लिए बचानी पड़ती है
जिंदगी की कीमत तुम क्या जानो
हमें दुश्मनों से भी दोस्ती निभानी पड़ती है।

रमेश न रुको, न परेशान हो
जिंदगी सबको यूँ बितानी पड़ती है
पहले हर खुशी औरों पे यूँ ही लुटाया करते थे
आज कुछ हंसी अपने लिए बचानी पड़ती है।

सफर जिंदगी का पहले भी आसान कहां था
न चाहकर भी चलने की आदत बनानी पड़ती है
आज फर्क अपने और बेगाने का पता चला
रिश्तों की कीमत प्यार से चुकानी पड़ती है।

जिसकी किश्ती चाहते मझदार में डूबो देते थे
अब अपनी संभल के किनारे लगानी पड़ती है।

❍

जिंदगी कैसे तुम्हें अजमाते जा रहा हूँ

जिंदगी कैसे तुम्हें अजमाते जा रहा हूँ
ख्वाहिशों पे ख्वाहिशें बढ़ाते जा रहा हूँ
चलने लगा हूँ सबकी पहचान लेकर
अपनी तो भूलता जा रहा हूँ।

खुशी बटोरने निकला कुछ न मिला
अब हर खुशी लुटाते जा रहा हूँ
गम सर पे उठाए कैसे चलते हैं लोग
हर गम पांवों से दबाता जा रहा हूँ

जिंदगी जीये इस तरह कि हर कोई पहचानने लगे।
न परेशानी तुम्हें हो - न मौत को तलाशना पड़े
पाँचों को मिलाकर क्या घर बना रखा है
उस पर गजब है उसमें खुद को छुपा रखा है
जिंदगी की हर सांस पूरी जीनी है हमें
मौत से नहीं मिलना चाहता, मौत से पहले।

❍

गाँव/शहर

शहर के बीच बसा गांव हूँ मैं
चाहकर भी शहर तू कुछ कर नहीं सकता
मैंने भी तो पहचान बना रखी है अपनी
मिटाने की चाहत है पर पूरी कर नहीं सकता।

सड़क, पक्के मकान सब तुम्हें हो मुबारक
शहर चाहकर भी सीमा बढा नहीं सकता
डरता तो रहता है तू भी सोचकर अक्सर
अगर रूठा तो वापस तू बुला नहीं सकता।

मैंने ही तो इंसानो की विरासत को संभाला
इतनी जल्दी इंसानियत गवां नहीं सकता
शहर तूने तरक्की कर ली होगी बहुत
सादगी मुझ सी तू पा नहीं सकता।

तूने तन को सजा के रखा है लेकिन
मन मेरा सा तू भी पा नहीं सकता
तेरी ऊँची ईंट-पत्थर की दीवारें
तू ठीक से मुस्कुरा भी नहीं सकता
मेरे घर में प्रेम का दरिया बह रहा है
तुम्हें पाने को में उसे सुखा नहीं सकता।

○

कुछ समझा, कुछ समझाया

जिन आँखों से सबको देखा
कुछ समझा, कुछ समझाया
उन आँखों को खुले देखा
कुछ भी देख न पाया।

जिस दिल से प्रेम मिला
तुझ को अपना बनाया
उसी दिल को जलते देखा
धड़क अब क्यों न पाया

जिस तन से संसार देखा
जो हँसा और मुस्कुराया
मेरे ही अपनों ने देखो
कैसे उसे है जलाया

आदमी देखा, भगवान भी देखा
छुपा दिल में शैतान भी देखा
आज मूक उसे है पाया
कुछ भी समझ न आया

समझ सके न कुछ भी
कुछ न अपना, न पराया
संसार बनाने वाले ने
कैसा खेला है रचाया

औरों की पीड़ा देख के
दर्द अपना छलक आया
इस रचना को स्वयं देखा
मैं भी बहुत घबराया

मेरा-मेरा कहते चला
मेरा क्या जो मैंने पाया
उसका तमाशा बनके देखा
रस्सी बांध कर नचाया।

❍

जिंदगी तेरी चाहत कहाँ-कहाँ तक ले आई

जिंदगी तेरी चाहत कहाँ-कहाँ तक ले आई
अपनी कहानी हमने अंजानों को भी सुनाई
वैद्य, हकीम, हाकम, सब अजमा लिए
वक्त के साथ दौड़ती जिंदगी, कहाँ ठहर पाई

तेज धूप, हाथों में बर्फ उठा रखी है
हमारी उम्मीद से जल्दी पिघलने को आई
अपने बिछड़े फिर याद आने लगे हैं
रूह की बाते रूह से समझाने लगे हैं।

बीते दिनों की तरह संभल तो जाऊँगा
जिंदगी की हर खुशी से हाथ तो मिलाऊँगा
जख्म दिए हैं तो दवा भी देता तू
जमीं पे उतारा तो आसमां भी देता तू

हर साथ अब छोड़ जाने लगा है
तू ही तू, बस याद आने लगा है
मैं मेरा ही अपना साथी हूँ
वक्त कहा रुकता है दौड़ता समझाने लगा है

क्यों जिंदगी इतनी देर में भी समझ न पाए
खाली हाथ तो आए थे खाली लौट जाए
इतना कुछ बटोरने की आदत हो गई है
कैसे अपने से और उससे आँख मिलाएं।

❍

मौत से क्यों मैं घबरा रहा हूँ

मौत से क्यों मैं घबरा रहा हूँ
तुम से तो बिछुड़ जिंदगी में आया था
सब रिश्ते जो जोड़ लिए थे दुनिया में
उन्हें तोड़, मैं तेरे पास आ रहा हूँ
मौत से क्यों मैं घबरा रहा हूँ।

मेरे अपने होकर भी जो अपने न थे
उन सबको छोड़ चला आ रहा हूँ
बह रहे आँसू भी सूख ही जाएंगे
दुश्मन भी कुछ दूर तक नजर आएंगे
मौत से क्यों मैं घबरा रहा हूँ।

आसान हो जाएगी हर तकलीफ मेरी
मैं अपने घर जो लौट के आ रहा हूँ
कर लिया जो सफर करना था मुझे
दुनिया में खुद को फिर अकेला पा रहा हूँ
मौत से क्यों मैं घबरा रहा हूँ।

कब मैंने हमेशा किसी को रुके देखा
जिंदगी, तुम्हें देख क्यों ललचा रहा हूँ
माँ के आँचल से ज्यादा सुकून देगी मौत
तेरी बाहों से लिपटने मैं आ रहा हूँ
मौत से क्यों मैं घबरा रहा हूँ।

आसमानों से बरसते देखा है तुम्हें
जिंदगी में क्यों घबरा रहा हूँ
धीरे-धीरे सारे उम्र के पड़ाव पार करके
तेरे आँचल में समा रहा हूँ
मौत से क्यों मैं घबरा रहा हूँ।

मुझे दर्द दे, जो मुस्कुराते थे जिंदगी में
आज उन्हें भी रोते हुए पा रहा हूँ
कुछ कदम भी जो साथ न चलते थे मेरे
आज उनके कंधों पर खुद को पा रहा हूँ
मौत से क्यों मैं घबरा रहा हूँ।

❍

दुश्मनों ने मुझे, मुझ से दूर करने की, ऐसी साजिश रची

दुश्मनों ने मुझे, मुझ से दूर करने की, ऐसी साजिश रची
मेरा कत्ल करके, इल्जाम मुझी पे धर दिया।

अपनी सोच में शामिल मत करो, हम बिखरने से डरते हैं
तुम अपने लिए जी रहे हम औरों पे मरते हैं।

हमें समझना है तो दिल भी हमारा ले आओ
आँखों से समुद्र की गहराई देख न पाओगे।

दुनिया का खुदा बनने चले हो, और आईने से शर्मिंदा हो
खुदा भी सोच रहा है क्यों तुम जिंदा हो।

रमेश आदमी दुनिया में उड़ता हुआ परिंदा है
एहसास अगर है तो समझो वो जिंदा है।

दुनिया दस्तूरे जिंदगी सिखाती ही रही हमें
चेहरे पे चेहरे लगा रखे थे, क्या-क्या दिखाती रही हमें

भीड़ के रेले - महफिल में सब अकेले
गुम हो जाने का राज, कुछ इस तरह बताती रही हमें।

❍

मौत कभी सुकून देती है

मौत कभी सुकून देती है यह न जानता था
मैंने अपने को दुआ करते भी देखा है।

बहुत चाहने वालों को, मौत से मिलते देखा है
आज कौन सा डर है, जो हमें सता रहा है

मौत भी नई जिंदगी लाती है
मेरी नानी एक कहानी सुनाती है।

मैं खुदा बन न सका अपना
औरों का बनना आसान काम था

मौत डर-डर के इंसानों तक आती है
तभी अध पक्के फल भी तोड़ ले जाती है।

मौत कब कहाँ, किसे आएगी, पता नहीं, पर आती है
अफसोस तो यह है, न आते दिखाई देती है न जाते

मौत कायरों की तरह मत आया कर
समय से पहले किसी को साथ न ले जाया कर।

❍

इंसान होकर भी तुम सरहदें बनाओगे

पक्षी भी सरहद लांघ के उड़ते हैं
इंसान होकर भी तुम सरहदें बनाओगे
अपने मजहब के नाम पर कब तक
नफरत के बीज दिलों में तुम उगाओगे

तलवार उठा ली है तूने हाथों में
क्या मानवता भी तुम इससे अब मिटाओगे
त्याग, तपस्या, संस्कार सब छोड़ दिए तूने
कैस उससे जाकर तुम आँख मिलाओगे

प्रेम को तुम सिक्कों में तोल रहे हो
किस कीमत से उसे तुम खरीद लाओगे
अहम में सब रिश्तों को तूने छोड़ा
क्या सूर्य भी तुम अब नया उगाओगे

हवा तेरे तन में भी सांस बनी
क्या मोल भी उसका तुम लगाओगे
सोच छोटी करके मुट्ठी में बाँध
कुछ बड़ा क्या उससे तुम कर पाओगे

○

अपने को तो तुम जान सके न
औरों को कैसे तुम समझ पाओगे
प्रेम को करना भूल चुके हो तुम
क्या नफरत से संसार चलाओगे

सूर्य ने रोशनी की अगर कीमत माँगी
क्या कीमत दे उसे चुका पाओगे
हवा ने भी अपना तुझसे एहसान माँगा
क्या उसे भी तुम दूर भगाओगे।

❍

शेर

वक्त कहाँ मिला अपने पास रहने का
दूसरों को समझने में जिंदगी गुजार दी

दौड़ में न खुद को मिले, न मिला रब
यह कैसी दौड़ है, छूट गया सब का सब

लिखने लगे जिंदगी, लिखते ही चले गए
पढ़ने लगे जब आँखों में रोशनी न रही

क्या पाया दुनिया में, क्या लेकर जाऊँगा
सारे का सारा मैं, तुम्हें लौटाऊँगा।

ऐ जिंदगी तुम्हें, हम कहाँ देख पाते
यह दुश्वारियां थी, जिसने तेरा चेहरा दिखा दिया

कितनी संभल-संभल कर जी रहे हो जिंदगी
खुदा को शर्मसार करके छोड़ोगे क्या।

❍

आओ झूम के नाचें गाएं

आओ झूम के नाचें गाएं
माँ धरा पर आई है
सबकी रचना करने वाली
स्वयं रचना बन आई है।

निर्मल है निर्मल मन रे
पल में जड़ता मिटाई है
मोक्ष द्वार अब खुल चुका
सहज संदेश वो लाई है।

कैसा दीपक कैसी बाती
अनोखा प्रकाश लाई है
जगमग-जगमग जग हुआ
सहस्त्रार खोलने आई है।

कैसा मानव कैसी काया
ज्ञान मार्ग सबको बतलाया
सोई कुण्डलिनी आज जगाने
ब्रह्माण्ड रचयिता आई है।

अपने को जान सका मैं
ऐसा दर्पण लाई है
प्रेम-प्रेम में सब समझाया
निर्मल कमल खिलाने आई है।

आत्मा से मोक्ष द्वार मिले
यह बतलाने आई है
मानव अपने को ही पा ले
मानवता जगाने आई है।

❍

सहज में सहज रह के

सहज में सहज रह के
कुछ पा लिया करो
धरती पे उमड़ा प्यार है
कुछ पा लिया करो
सहज में ...

औरों को तुमने देख लिया
खुद को आजमा लिया करो
अनुभूति एक उमड़ रही
गले लगा लिया करो
सहज में ...

बरसों में जमीं पर मिले
सहज अपना लिया करो
अपनी रचना को देखकर
मुस्कुरा लिया करो
सहज में ...

शब्दों को भूल के तुम आज
रूह जगा लिया करो
कोई साक्षी नहीं है तेरा
दिखला दिया करो
सहज में ...

विश्वास अपने पे कर लो
विश्वास पा लिया करो
सफर में निकले पाँच तत्व हैं
पास बिठा लिया करो।
सहज में ..... ॥

न तन न बुद्धि न अहंकार हूँ

न तन न बुद्धि न अहंकार हूँ
धरती पे उतरा - माँ तेरा प्यार हूँ
आत्मा खुद में बिठा, किसे देखता
माँ निर्मल की, शक्ति का अविष्कार हूँ
न तन न बुद्धि न अहंकार हूँ।

सफर गुजर गया, पहचाने खुद को
मैं निराकार का ही आकार हूँ
सफर में भूला तुमसे क्षमा मांगता
तेरी क्षमा पाने का हकदार हूँ
न तन न बुद्धि न अहंकार हूँ।

तेरे आने पे ही जाना मैंने
पाँच तत्वों के, सृजन का संसार हूँ
अहंकार अहम में, भूला हुआ
तेरी रचना, तेरा प्यार हूँ
न तन न बुद्धि न अहंकार हूँ।

❍

जन्म दिवस पर श्रीमाता जी को अर्पित

धरती पर अवतरण हुआ है
ब्रह्माण्ड रचयिता धरती पर आई
सबके भाग्य जाग उठे हैं
प्रेम की देवी बनकर आई।

उसकी रचना वो ही जाने
मानव को मानवता समझाने
रोम-रोम में चैतन्य जगाने
निर्मल माँ है वो कहलाई।

सहजयोग का ऐसे योग खिला है
माँ सबकी कुण्डलिनी जगाने आई
धरा का कण-कण झूम उठा है
प्यार अपना बरसाने आई।

क्षमा की देवी - सबकी माता
अपना रूप दिखाने आई
ज्ञान का चक्षु खोल दिया है
ऐसा अनोखा संदेश है लाई।

आओ करें उसका स्वागत
छुपे भेद वो बतलाने आई
जो भी मांगें, वो ही मिलेगा
खोया विश्वास जगाने आई।

देश-धर्म की सीमा लांघी
छुपा प्रेम जगाने आई
उठो नव-जीवन पा लो
ऐसे योग की रचना बनाई।

आओ सारे सहजी गा लें
जगजननी माँ निर्मल आई
जड़ चेतन, सब महक उठा है
माँ निर्मल आई, माँ निर्मल आई।

अंतिम परीक्षा की घड़ी है
कल्कि अवतरण भी कहलाई
सहजयोग का ऐसा योग बना
आत्म द्वार दिखलाने आई।

छिंदवाड़ा की पावन धरती पर
नन्हें- कदमों से चलकर आई
नारगोल में सहस्त्रार खोलकर
सुक्ष्मता समझाने आई।

❍

साकार चले, निराकार को मिलने

साकार चले, निराकार को मिलने
दीप जले... सब रोशन करने
ऐसे सहज के फूल खिले हैं
युग से बिछड़े आज मिलें हैं
साकार चले, निराकार को मिलने

गणेश रूप, अबोध बना ले
आत्मशक्ति आज, अपनी जगा ले
निर्मल हो, मां निर्मल पा ले
ऐसे कमल चरणों में खिला ले
साकार चले, निराकार को मिलने

अंतिम परीक्षा की आज घड़ी है
चैतन्य लहरी उमड़ी पड़ी है
चेतन मन, निराकार को देखे
आत्मा के आकार को देखे
साकार चले, निराकार को मिलने

आत्मज्ञान सब छलक रहा है
सहजयोग से ऐसा योग बना है
मां का प्यार बरस रहा है
कुछ पग आज इधर बढ़ा ले
साकार चले, निराकार को मिलने

कल्कि ने अवतरण लिया है
मानव का उत्थान किया है
रोम-रोम में दर्शन पा लें
सोई कुण्डलिनी, आज जगा ले
साकार चले, निराकार को मिलने।

तेरी सृष्टि में, तेरा अविष्कार हूँ

तेरी सृष्टि में, तेरा अविष्कार हूँ
धरती पे उतरा, माँ तेरा प्यार हूँ
तू निराकार माँ - मैं तेरा आकार हूँ
बहुत जन्मों से, मैं तेरा कर्जदार हूँ
तेरी सृष्टि में, तेरा अविष्कार हूँ।

पाँच तत्वों का, माँ तेरा प्यार हूँ
आत्मा को दिखाया तूने, तो जाना मैंने
मैं ही शिव-शिव का अवतार हूँ
तुम्हें पाने का, माँ निर्मल हकदार हूँ
तेरी सृष्टि में, तेरा अविष्कार हूँ।

जीवन क्या है, मैं न जानता था
तेरी रचना को, न पहचानता था
तूने बताया मुझे, मेरी ओ निर्मल माँ
चैतन्य बन उतरा, रचयिता का प्यार हूँ
तेरी सृष्टि में, तेरा अविष्कार हूँ।

कई जन्मों से, प्यासा में चल रहा था
अपने ही कर्मों में, उलझा पल रहा था
आज सहस्त्रार खोल दिखा ही दिया
माँ तेरी रचना, तेरा प्यार हूँ
तेरी सृष्टि में, तेरा अविष्कार हूँ।

क्षमा करना खुदको, न आया मुझे
क्षमा पाने का भी, मैं हकदार हूँ
सदियों में पाया, तुझे ओ निर्मल माँ
तू साक्षी है, तेरा ही परिवार हूँ
तेरी सृष्टि में, तेरा अविष्कार हूँ।

○○○

इंटरनेशनल बेस्ट सेलर

डायमंड बुक्स X-30, Okhla Industrial Area, Phase-II New Delhi-110020
Ph: 011-40712200 email : wecare@diamondbooks.in www.diamondbooks.in